1일 1독해

세상을 바꾼 인물 100

1 문화·예술

"하루 15분" 똑똑한 공부 습관

1일 1독해

초판 2쇄	2023년 1월 27일
초판 1쇄	2022년 8월 22일
펴낸곳	메가스터디(주)
펴낸이	손은진
개발 책임	이상준
개발	정미진, 최성아, 송우정
글	주은
그림	바이올렛(김정아)
디자인	이정숙, 주희연, 이솔이
제작	이성재, 장병미
사진 제공	위키미디어, 픽스타, 위키백과, 한국민족문화대백과사전, Shutterstock.com, 국립중앙박물관, Photobucket
주소	서울시 서초구 효령로 304(서초동) 국제전자센터 24층
대표전화	1661.5431
홈페이지	http://www.megastudybooks.com
출판사 신고 번호	제 2015-000159호
출간제안/원고투고	writer@megastudy.net

· 발간 이후 발견되는 오류 사항은 '홈페이지 〉 고객센터 〉 정오표'를 통해 알려 드립니다.

일러두기

· 맞춤법과 띄어쓰기는 국립국어원에서 펴낸 《표준국어대사전》을 기준으로 삼되, 초등학교 교과서의 표기를 참고했습니다.
· 외국의 인명과 지명은 국립국어원에서 펴낸 《외래어 표기법》을 따랐습니다.
· 본 저작물은 공공누리 제1유형에 따라 공공 저작물을 이용하였습니다.

매일매일 공부 습관을 길러 주는 공부 친구

내 이름은 **체키**

Checky

• 나이 •

11세

• 태어난 곳 •

태양계 시간성

• 특징 •

몸집에 비해, 손과 발이 극도로 작다.
매력포인트는 왕 큰 양쪽 귀와 45도로 뻗은 진한 콧수염.

• 성격 •

허술해 보이는 외모와 다르게 치밀하고, 자신감이 넘친다.

• 지구별에 오게 된 사연 •

태양계 시간성에서 Wake-up을 담당하는 자명종으로 태어나 지구별로 오게 됐으나,
신기한 지구 생활 매력에 푹 빠져, 하루 종일 신나는 모험 중이다.

• 새로운 재능 •

'초집중 탐구력'을 발견하고 마음껏 뽐내고 있다.

• 특기 •

롤롤이 타고 탐험하기

체키 전용 롤러보드
롤롤이

• 꿈 •

메가스터디북스 모든 책의 주인공 되기

1일 1독해

우리 아이 10년 뒤를 바꾸는 독해력!

독해력은 모든 학습의 기초 체력입니다. 초등 시기에 제대로 읽고 이해하는 독해력을 탄탄하게 다져 놓으면, 중학생, 고등학생이 되어 아무리 어려운 지문과 문제를 접하더라도 그 내용을 잘 이해할 수 있고 차근차근 문제를 풀 수 있습니다. 독해력이 뛰어난 아이일수록 여러 교과의 내용을 쉽게 이해할 수 있고, 자신의 생각을 풍부하고 명확하게 표현할 수 있습니다.

왜? 1일 1독해일까?

〈1일 1독해〉 시리즈는 주제에 맞는 이야기가 짧은 지문으로 제시되어 부담 없이 매일 한 장씩 풀기 좋습니다. 독해는 어릴 때 습관을 잡아 주는 것이 가장 중요합니다. 메가스터디북스의 〈1일 1독해〉 시리즈로 몸의 근육을 키우듯 **아이의 학습 근육을 키워 주세요.**

1일 1독해, 100만 명이 선택한 이유가 있습니다!

1 아이가 재미있어서 스스로 보는 책

왜 아이들은 1일 1독해를 "재미있다"고 할까요?
눈높이에 맞는 흥미로운 주제의 지문들을 읽는 즐거움이 있기 때문입니다.
지문을 읽고 바로바로 문제를 풀어 확인하는 단순한 학습 패턴에서 아이는 공부의 재미를 느끼게 됩니다.

2 매일 완독하니까 성공의 경험이 쌓이는 책

하루 15분! 지문 1쪽, 문제 1쪽의 부담 없는 학습량으로 아이는 매일매일 성공적인 학습을 경험합니다.
매일 느끼는 성취감은 꾸준한 학습 습관으로 이어지고, 완독의 경험이 쌓여 아이의 공부 기초 체력이 됩니다.

3 독해 학습과 배경지식 확장이 가능한 책

한국사, 세계사, 사회 등 교과 연계 주제 지문으로 교과 학습 대비가 가능하고,
세계 명작, 고전, 인물까지 인문 교양과 관련된 폭넓은 주제의 지문으로 배경지식을 확장시킬 수 있습니다.
또한 다양한 유형의 문제로 독해력을 키우는 데 효과적입니다.

메가스터디북스 1일 1독해 시리즈

〈1일 1독해〉 시리즈는 독해를 이제 막 시작하는 예비 초등을 위한 **이야기 시리즈**, 초등학교 전학년이 볼 수 있는 교과 연계 중심의 **교과학습 시리즈**, 배경지식을 확장해 주는 **인문교양 시리즈**로 구성됩니다.

예비 초등

이야기

과학 이야기 ❶~❻
세계 나라 ❶, ❷
세계 명작
마음 이야기

전 10권

호기심을 키우는 다양한 주제의 이야기로, 아이가 관심 있는 주제부터 시작하여 차근차근 독해력을 길러 줍니다.

초등 교과학습

한국사

❶ 선사 ~ 통일 신라, 발해편
❷ 후삼국 ~ 고려 시대편
❸ 조선 시대편 (상)
❹ 조선 시대편 (하)
❺ 대한 제국 ~ 현대편

전 5권

우리 역사의 주요 사건과 인물을 시대별로 구성하여, 한국사의 흐름을 이해하고 교과 학습에 대비할 수 있습니다.

세계사

❶ 고대편
❷ 중세편
❸ 근대편 (상)
❹ 근대편 (하)
❺ 현대편

전 5권

세계사의 주요 장면들을 독해로 학습하며 우리 아이가 반드시 알아야 할 세계사 지식을 시대별 흐름에 맞춰 익힐 수 있습니다.

초등 사회

❶~❺

전 5권

사회 문화, 지리, 전통문화, 정치, 경제 등의 사회 교과 독해를 통해 교과 학습에 대비할 수 있습니다.

초등 인문교양

세계 고전 50 | 우리 고전 50

NEW

세계 고전 50 ❶~❷
우리 고전 50
❶ 삼국유사 설화
❷ 교과서 고전문학

전 4권

초등학생이 꼭 읽어 두어야 할 세계 고전 50편과 우리 고전 50편을 하이라이트로 미리 접하며 교양을 쌓을 수 있습니다.

세상을 바꾼 인물 100

NEW

❶ 문화·예술
❷ 과학·기술
❸ 의료·봉사
❹ 경제·정치

전 4권

교과서에 수록된 인물을 중심으로 초등학생이 꼭 알아야 할 위대한 인물 100명의 이야기를 통해 바른 인성을 기를 수 있습니다.

구성과 특징

지문 1쪽, 문제 1쪽으로 매일매일 독해력 강화!

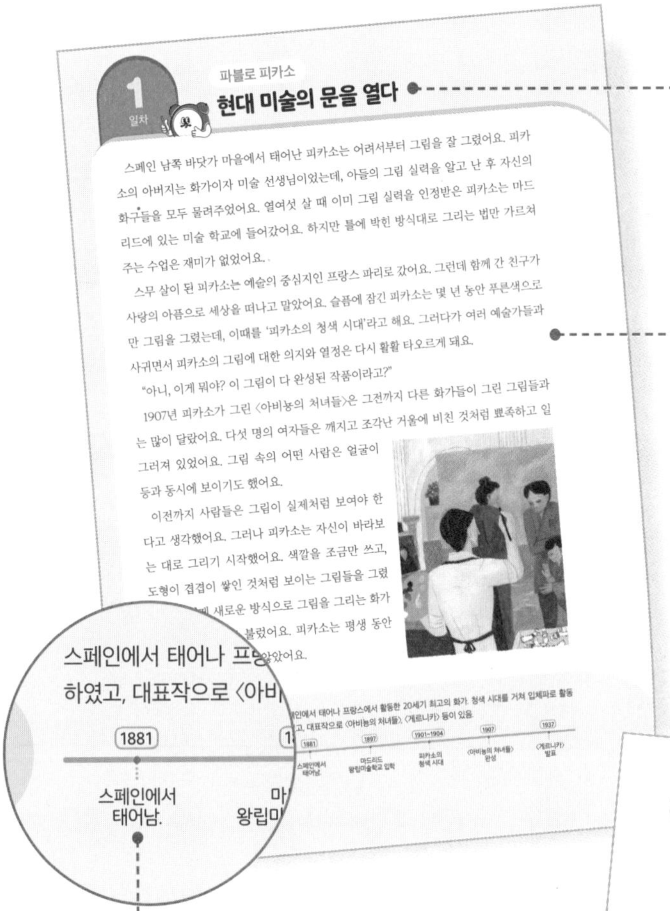
1일차
파블로 피카소
현대 미술의 문을 열다
스페인 남쪽 바닷가 마을에서 태어난 피카소는 어려서부터 그림을 잘 그렸어요. 피카소의 아버지는 화가이자 미술 선생님이었는데, 아들의 그림 실력을 알고 난 후 자신의 화구들을 모두 물려주었어요. 열여섯 살 때 이미 그림 실력을 인정받은 피카소는 마드리드에 있는 미술 학교에 들어갔어요. 하지만 틀에 박힌 방식대로 그리는 법만 가르쳐 주는 수업은 재미가 없었어요.
스무 살이 된 피카소는 예술의 중심지인 프랑스 파리로 갔어요. 그런데 함께 간 친구가 사랑의 아픔으로 세상을 떠나고 말았어요. 슬픔에 잠긴 피카소는 몇 년 동안 푸른색으로만 그림을 그렸는데, 이때를 '피카소의 청색 시대'라고 해요. 그러다가 여러 예술가들과 사귀면서 피카소의 그림에 대한 의지와 열정은 다시 활활 타오르게 돼요.
"아니, 이게 뭐야? 이 그림이 다 완성된 작품이라고?"
1907년 피카소가 그린 〈아비뇽의 처녀들〉은 그전까지 다른 화가들이 그린 그림들과는 많이 달랐어요. 다섯 명의 여자들은 깨지고 조각난 거울에 비친 것처럼 뾰족하고 일그러져 있었어요. 그림 속의 어떤 사람은 얼굴이 등과 동시에 보이기도 했어요.
이전까지 사람들은 그림이 실제처럼 보여야 한다고 생각했어요. 그러나 피카소는 자신이 바라보는 대로 그리기 시작했어요. 색깔을 조금만 쓰고, 도형이 겹겹이 쌓인 것처럼 보이는 그림들을 그렸 … 새로운 방식으로 그림을 그리는 화가 … 불렀어요. 피카소는 평생 동안 … 았어요.
스페인에서 태어나 프랑스에서 활동한 20세기 최고의 화가. 청색 시대를 거쳐 입체파로 활동하였고, 대표작으로 〈아비뇽의 처녀들〉, 〈게르니카〉 등이 있음.
1881 스페인에서 태어남.
1897 마드리드 왕립미술학교 입학
1901~1904 피카소의 청색 시대
1907 〈아비뇽의 처녀들〉 완성
1937 〈게르니카〉 발표

초등학생이 꼭 알아야 할 교과서 속 위인 100명을 선정하여, 하루에 한 인물씩 5주 동안 각 권 25명의 인물에 대해 읽으며 **매일매일 공부 습관을 기를 수 있습니다.**

문화 · 예술 분야에서 창작물을 만들어 낸 인물의 일생을 1쪽의 지문으로 흥미롭게 풀어 내어, **여러 분야의 배경지식과 독해력을 쌓을 수 있습니다.**

학습한 날짜를 기입하게 함으로써 **아이의 꾸준한 학습을 유도합니다.**

인물의 출생, 업적, 대표 창작품 등을 연표로 정리하여 **인물의 생애를 한눈에 파악할 수 있도록 도와줍니다.**

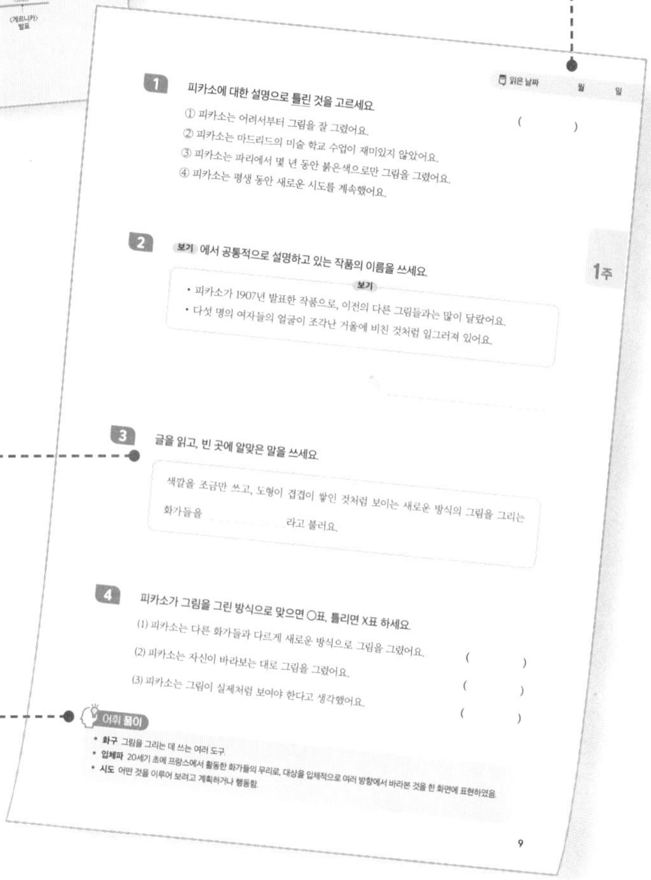
읽은 날짜 월 일
1 피카소에 대한 설명으로 틀린 것을 고르세요. ( )
① 피카소는 어려서부터 그림을 잘 그렸어요.
② 피카소는 마드리드의 미술 학교 수업이 재미있지 않았어요.
③ 피카소는 파리에서 몇 년 동안 붉은색으로만 그림을 그렸어요.
④ 피카소는 평생 동안 새로운 시도를 계속했어요.
2 보기 에서 공통적으로 설명하고 있는 작품의 이름을 쓰세요.
보기
• 피카소가 1907년 발표한 작품으로, 이전의 다른 그림들과는 많이 달랐어요.
• 다섯 명의 여자들의 얼굴이 조각난 거울에 비친 것처럼 일그러져 있어요.
1주
3 글을 읽고, 빈 곳에 알맞은 말을 쓰세요.
색깔을 조금만 쓰고, 도형이 겹겹이 쌓인 것처럼 보이는 새로운 방식의 그림을 그리는 화가들을 ______ 라고 불러요.
4 피카소가 그림을 그린 방식으로 맞으면 ○표, 틀리면 X표 하세요.
(1) 피카소는 다른 화가들과 다르게 새로운 방식으로 그림을 그렸어요. ( )
(2) 피카소는 자신이 바라보는 대로 그림을 그렸어요. ( )
(3) 피카소는 그림이 실제처럼 보여야 한다고 생각했어요. ( )
어휘 풀이
• 화구 그림을 그리는 데 쓰는 여러 도구
• 입체파 20세기 초에 프랑스에서 활동한 화가들의 무리로, 대상을 입체적으로 여러 방향에서 바라본 것을 한 화면에 표현하였음.
• 시도 어떤 것을 이루어 보려고 계획하거나 행동함.
9

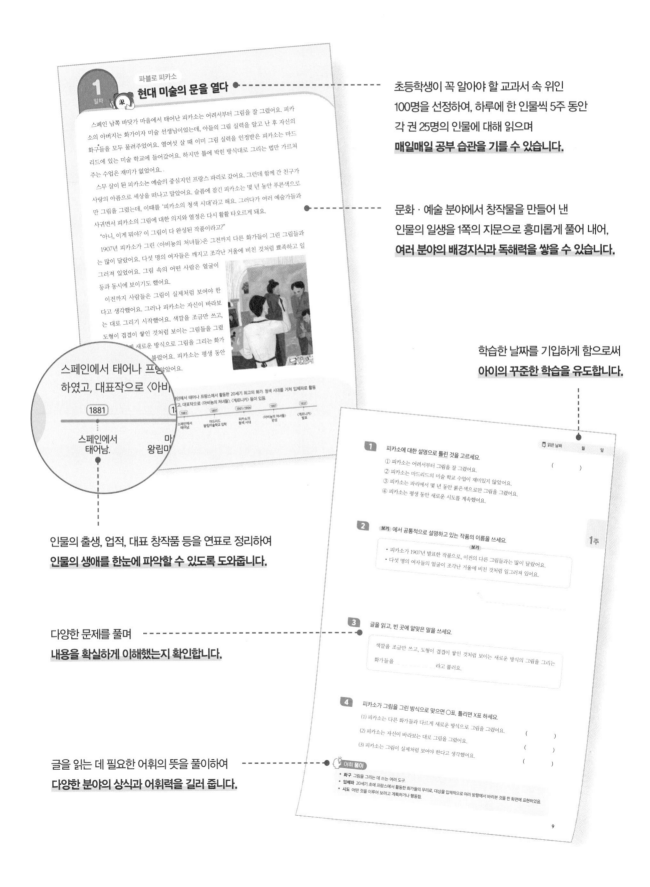

다양한 문제를 풀며 **내용을 확실하게 이해했는지 확인합니다.**

글을 읽는 데 필요한 어휘의 뜻을 풀이하여 **다양한 분야의 상식과 어휘력을 길러 줍니다.**

주차별 복습 문제로 독해력 완성!

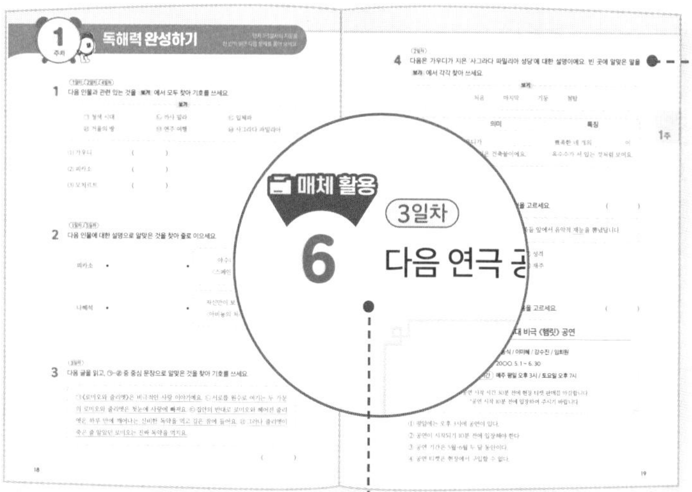

독해력 완성하기

한 주 동안 학습한 내용을 한 단계
수준 높은 문제로 복습합니다.
여러 지문의 내용을 통합한 융합 독해,
내용 추론하기, 주제 찾기, 글의 짜임 이해하기 등
다양한 유형의 문제로 독해력을 완성시킬 수 있습니다.

공연 안내문, 신문 기사, 포스터 등
주변에서 접하는 여러 매체 자료를
활용한 '매체 활용' 문제로
자료를 이해하고 활용하는 힘을 기를 수 있습니다.

인물 갤러리로 배경지식까지 풍성하게!

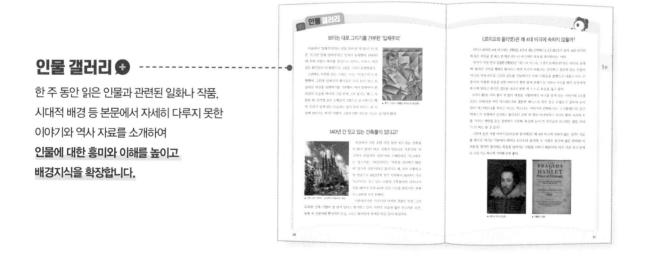

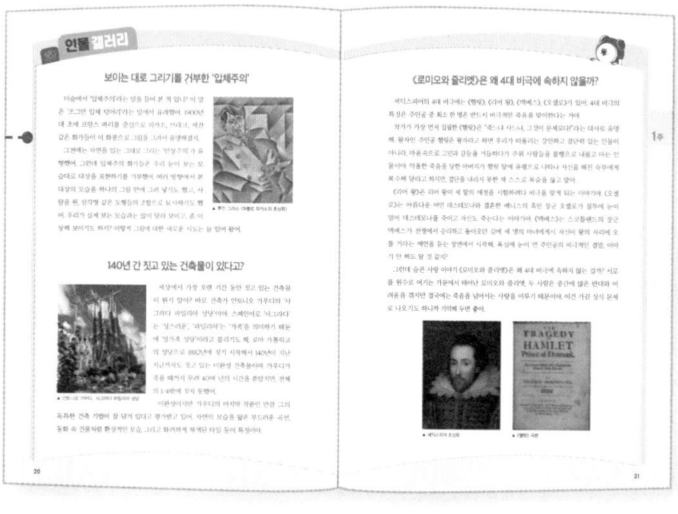

인물 갤러리 +

한 주 동안 읽은 인물과 관련된 일화나 작품,
시대적 배경 등 본문에서 자세히 다루지 못한
이야기와 역사 자료를 소개하여
인물에 대한 흥미와 이해를 높이고
배경지식을 확장합니다.

차례

1 일차

파블로 피카소

현대 미술의 문을 열다

스페인 남쪽 바닷가 마을에서 태어난 피카소는 어려서부터 그림을 잘 그렸어요. 피카소의 아버지는 화가이자 미술 선생님이었는데, 아들의 그림 실력을 알고 난 후 자신의 화구들을 모두 물려주었어요. 열여섯 살 때 이미 그림 실력을 인정받은 피카소는 마드리드에 있는 미술 학교에 들어갔어요. 하지만 틀에 박힌 방식대로 그리는 법만 가르쳐 주는 수업은 재미가 없었어요.

스무 살이 된 피카소는 예술의 중심지인 프랑스 파리로 갔어요. 그런데 함께 간 친구가 사랑의 아픔으로 세상을 떠나고 말았어요. 슬픔에 잠긴 피카소는 몇 년 동안 푸른색으로만 그림을 그렸는데, 이때를 '피카소의 청색 시대'라고 해요. 그러다가 여러 예술가들과 사귀면서 피카소의 그림에 대한 의지와 열정은 다시 활활 타오르게 돼요.

"아니, 이게 뭐야? 이 그림이 다 완성된 작품이라고?"

1907년 피카소가 그린 〈아비뇽의 처녀들〉은 그전까지 다른 화가들이 그린 그림들과는 많이 달랐어요. 다섯 명의 여자들은 깨지고 조각난 거울에 비친 것처럼 뾰족하고 일그러져 있었어요. 그림 속의 어떤 사람은 얼굴이 등과 동시에 보이기도 했어요.

이전까지 사람들은 그림이 실제처럼 보여야 한다고 생각했어요. 그러나 피카소는 자신이 바라보는 대로 그리기 시작했어요. 색깔을 조금만 쓰고, 도형이 겹겹이 쌓인 것처럼 보이는 그림들을 그렸지요. 이렇게 새로운 방식으로 그림을 그리는 화가들을 '입체파'라고 불렀어요. 피카소는 평생 동안 새로운 시도를 멈추지 않았어요.

화가

파블로 피카소

스페인(1881~1973년)

스페인에서 태어나 프랑스에서 활동한 20세기 최고의 화가. 청색 시대를 거쳐 입체파로 활동하였고, 대표작으로 〈아비뇽의 처녀들〉, 〈게르니카〉 등이 있음.

1881	1897	1901~1904	1907	1937
스페인에서 태어남.	마드리드 왕립미술학교 입학	피카소의 청색 시대	〈아비뇽의 처녀들〉 완성	〈게르니카〉 발표

1 피카소에 대한 설명으로 틀린 것을 고르세요. (   )

① 피카소는 어려서부터 그림을 잘 그렸어요.
② 피카소는 마드리드의 미술 학교 수업이 재미있지 않았어요.
③ 피카소는 파리에서 몇 년 동안 붉은색으로만 그림을 그렸어요.
④ 피카소는 평생 동안 새로운 시도를 계속했어요.

2 보기 에서 공통적으로 설명하고 있는 작품의 이름을 쓰세요.

보기

- 피카소가 1907년 발표한 작품으로, 이전의 다른 그림들과는 많이 달랐어요.
- 다섯 명의 여자들의 얼굴이 조각난 거울에 비친 것처럼 일그러져 있어요.

3 글을 읽고, 빈 곳에 알맞은 말을 쓰세요.

색깔을 조금만 쓰고, 도형이 겹겹이 쌓인 것처럼 보이는 새로운 방식의 그림을 그리는 화가들을 ____________ 라고 불러요.

4 피카소가 그림을 그린 방식으로 맞으면 ○표, 틀리면 X표 하세요.

(1) 피카소는 다른 화가들과 다르게 새로운 방식으로 그림을 그렸어요. (   )
(2) 피카소는 자신이 바라보는 대로 그림을 그렸어요. (   )
(3) 피카소는 그림이 실제처럼 보여야 한다고 생각했어요. (   )

어휘 풀이

- **화구** 그림을 그리는 데 쓰는 여러 도구.
- **입체파** 20세기 초에 프랑스에서 활동한 화가들의 무리로, 대상을 입체적으로 여러 방향에서 바라본 것을 한 화면에 표현하였음.
- **시도** 어떤 것을 이루어 보려고 계획하거나 행동함.

2 일차

안토니오 가우디

자연의 곡선에서 영감을 얻다

26살 신출내기 건축가 가우디에게 사업가 비센스 씨가 집을 지어 달라고 맡겨 왔어요. 이때 지은 가우디의 첫 건축물이 바로 '까사 비센스'예요. 가우디는 저택의 기둥을 나무 모양으로 설계하고 꽃무늬가 그려진 색색의 타일을 집 안팎에 붙였어요.

안토니오 가우디는 스페인 동북쪽 작은 마을에서 태어났어요. 아버지는 대장장이였고 어머니는 도자기를 굽는 사람이었어요. 가우디는 손재주가 좋았어요. 마법 창고 같은 아버지의 대장간에서 쇠를 녹이고 구부려 무엇이든 만들어 놀곤 했어요.

어렸을 때 몸이 약해 학교에 못 가는 날에는 산과 들로 나가 달팽이와 애벌레와 개미집을 들여다보았어요. 자연에는 직선도 네모도 없었어요. 자유로운 모양의 곡선뿐이었지요. 자연 속의 곡선은 가우디에게 영감을 주었어요. 공부를 마치고 건축가 자격증을 딴 가우디는 어렸을 때 눈과 마음에 새긴 자연을 도시로 옮겨 놓기 시작했어요.

가우디는 자연의 모습 그대로, 구불구불한 곡선을 살려 건물을 짓고자 했어요. 공동주택 '까사 밀라'는 건물의 바깥을 거친 돌로만 마감해 자유로운 곡선과 자연미를 살렸지요. 이를 본 사람들은 놀라움을 표현하기도, 그의 재능을 칭찬하기도, 너무 특이하다고 비판하기도 했어요.

가우디가 마지막으로 지은 '사그라다 파밀리아 성당'은 그가 가장 힘을 쏟았지만 죽을 때까지 완성하지 못한 건축물이에요. 뾰족한 네 개의 첨탑이 마치 옥수수 네 개가 서 있는 것처럼 보이는 이 성당은 지금까지도 계속 지어지고 있답니다.

건축가

안토니오 가우디

스페인(1852~1926년)

스페인을 대표하는 건축가. 자연에서 영감을 얻은 곡선으로 된 독특한 건축물을 주로 지었음. '까사 밀라', '구엘 공원', '사그라다 파밀리아' 등이 유명함.

1852	1873	1878	1883	1900
스페인에서 태어남.	바르셀로나 건축학교 입학	'까사 비센스' 건축 시작	'사그라다 파밀리아' 공식 건축가가 됨.	'구엘 공원' 주택지구 건축 시작

1 가우디는 어떤 건축가였는지 빈칸에 알맞은 말을 쓰세요.

[ ][ ]을 닮은 곡선을 살린 건축물을 지은 건축가

2 가우디가 지은 건축물이 아닌 것을 고르세요. (　　　)

① 까사 비센스
② 까사 밀라
③ 바르셀로나 대학
④ 사그라다 파밀리아

3 가우디가 지은 건축물의 특징이 아닌 것을 고르세요. (　　　)

① 구불구불한 곡선 장식
② 색색의 타일 장식
③ 거친 돌로 마감한 건물 바깥
④ 네모반듯하고 화려한 장식

4 보기 는 가우디 건축물 중 어떤 건축물의 특징인지 알맞은 이름을 쓰세요.

보기

꽃무늬　　색색의 타일　　나무 모양 기둥

어휘 풀이

- **영감** 창조적인 일에 도움을 주는 기발한 생각.
- **신출내기** 어떤 일에 처음 나서서 일이 서툰 사람.
- **대장장이** 쇠를 달구어 여러 도구를 만드는 사람.
- **마감** 건축물 따위를 장식할 때 마지막으로 하는 장식.
- **첨탑** 뾰족한 탑.

3
일차

윌리엄 셰익스피어

희곡으로 사람들의 마음을 사로잡다

셰익스피어는 영국의 시인이자 극작가예요. 희곡을 36편, 시를 154편이나 썼으며, 당시 영국에서 엄청난 인기를 끌었지요. 셰익스피어는 아름다운 자연에 둘러싸인 농촌 마을에서 태어났어요. 열여덟 살 때 런던으로 가서 극장의 마구간지기로 일하다가, 마부 역을 할 배우가 병이 나자 대신 무대에 서게 되었지요. 하지만 연극배우로는 별다른 성공을 거두지 못했어요. 대신 연극 공부를 하면서 틈틈이 희곡을 쓰기 시작했어요.

처음에 셰익스피어는 주로 희극을 썼어요. 그러다가 1595년에 그의 첫 비극인 《로미오와 줄리엣》을 무대에 올렸어요. 이 작품은 서로를 원수로 여기는 두 가문의 로미오와 줄리엣이 첫눈에 사랑에 빠지는 데서 시작해요. 집안의 반대로 로미오와 헤어진 줄리엣은 로미오를 다시 만나기 위해 하루 만에 깨어나는 신비한 독약을 먹고 깊은 잠에 들어요. 그러나 줄리엣이 정말로 죽은 줄 알았던 로미오는 진짜 독약을 먹죠. 이 모든 일이 단 3일 안에 일어나는 슬픈 이야기예요.

셰익스피어는 관객들이 《로미오와 줄리엣》의 내용에 깊이 빠져들기를 바랐어요. 두 남녀의 풋풋하면서도 슬픈 사랑 이야기는 관객들에게 진한 여운을 남겼어요. 셰익스피어의 바람대로 관객들은 작품에 빠져들었고, 희극은 물론 비극까지 아우르는 탁월한 극작가라고 칭찬했어요. 이야기를 통해 사람들의 다양한 감정을 표현한 셰익스피어의 작품들은 세상에 발표된 지 몇백 년이 지난 지금까지도 사람들에게 큰 감동을 주고 있답니다.

작가

윌리엄 셰익스피어

영국(1564~1616년)

영국이 낳은 세계 최고 극작가로, 희극, 비극을 포함한 36편의 희곡과 여러 권의 시집을 썼음. 대표작으로 《베니스의 상인》, 《햄릿》, 《한여름 밤의 꿈》 등이 있음.

1564	1594	1595	1601	1600년대 초반
영국에서 태어남.	극단에 들어감.	《로미오와 줄리엣》을 무대에 올림.	《햄릿》 발표	'4대 비극'을 무대에 올림.

1 글을 읽고, 빈칸에 알맞은 말을 쓰세요.

셰익스피어는 희극과 비극을 아우르는 탁월한 [ ][ ][ ]예요.

2 셰익스피어와 관련된 설명으로 틀린 것을 고르세요. ( )

① 다양한 희곡과 시를 썼어요.
② 당시 영국에서 엄청난 인기를 끌었어요.
③ 셰익스피어는 희극뿐만 아니라 비극도 썼어요.
④ 셰익스피어는 연극배우로 활동한 적이 없어요.

3 《로미오와 줄리엣》에 대한 설명으로 맞으면 ○표, 틀리면 X표 하세요.

(1) 연극 무대에 올리려고 쓴 희곡이야. ( )

(2) 3일 동안 일어나는 사랑 이야기야. ( )

(3) 관객들에게 진한 여운을 남겼어. ( )

4 《로미오와 줄리엣》의 이야기 순서대로 빈칸에 번호를 쓰세요.

줄리엣은 신비한 독약을 먹고 잠에 들어요.	로미오와 줄리엣은 첫눈에 사랑에 빠져요.	로미오는 진짜 독약을 먹어요.	로미오와 줄리엣은 집안의 반대로 헤어져요.
( )	( )	( )	( )

어휘 풀이

- **희곡** 공연을 목적으로 하는 연극의 대본.
- **극작가** 연극의 기본이 되는 희곡을 쓰는 사람.
- **희극** 관객을 웃기는 장면이 많은 연극.
- **비극** 주인공에게 슬픈 일이 일어나 불행한 결말을 맺는 연극.
- **여운** 아직 가시지 않고 남아 있는 멋.
- **탁월하다** 남보다 두드러지게 뛰어나다.

4 일차

볼프강 아마데우스 모차르트

연주 여행으로 음악을 꽃피우다

다섯 살 어린 나이에 첫 작곡을 한 모차르트는 그야말로 음악 신동이었어요. 그의 음악 인생에서 빼놓을 수 없는 것이 바로 '연주 여행'이랍니다.

모차르트의 아버지는 모차르트의 재능을 사람들에게 알리고 싶어 했어요. 그래서 누나와 모차르트를 데리고 오스트리아 빈으로 첫 연주 여행을 떠났지요. 여섯 살의 어린 모차르트는 황후와 귀족들 앞에서 음악적 재능을 뽐냈답니다. 금빛으로 빛나고 웅장한 멋을 지닌 쇤브룬 궁전의 '거울의 방'에서요. 이곳은 모차르트에게 큰 인상을 남겼어요.

모차르트 가족은 이 여행을 시작으로 유럽의 88개 도시들을 다니며, 첫 번째 '그랜드 투어'를 해요. 이 여행으로 모차르트는 예술가로 한껏 성장할 수 있었어요.

"유럽 여러 도시의 아름다운 풍경 속에서 연주하니 음악적 영감이 샘솟는 기분이야! 내가 만난 훌륭한 음악가들의 재능에도 정말 놀랐어."

모차르트는 이 여행에서 느낀 것을 바탕으로 8살에는 첫 교향곡을, 11살에는 첫 오페라를 작곡했어요. 그는 평생 연주 여행을 다녔는데, 그 기간이 무려 35년의 생애 중 10년이나 돼요. 그 속에서 모차르트는 예술 세계를 만들어가고, 수많은 명곡을 남길 수 있었어요. 모차르트는 편지에 이런 말을 남기기도 했답니다.

"예술을 하는 사람이 여행을 할 수 없다는 것은 비참한 일이다."

35년이라는 짧은 삶 동안 무려 600개가 넘는 작품을 썼던 모차르트는 역사적으로 가장 뛰어난 음악가로 인정받고 있어요.

음악가

볼프강 아마데우스 모차르트

오스트리아(1756~1791년)

오스트리아의 음악가. 어려서부터 음악적 재능이 뛰어났으며 교향악, 실내악, 오페라 등 600여 곡의 작품을 남김. 〈피가로의 결혼〉, 〈마술 피리〉 등을 작곡함.

- 1756 오스트리아에서 태어남.
- 1761 작곡을 처음 시작함.
- 1762 첫 번째 그랜드 투어
- 1785 〈하이든 4중주곡〉 완성
- 1791 오페라 〈마술 피리〉 완성

1 모차르트에 대한 설명으로 틀린 것을 고르세요. ( )

① 4살에 쇤브룬 궁전에서 연주했어요.

② 5살에 첫 작곡을 했어요.

③ 8살에 첫 교향곡을 작곡했어요.

④ 11살에 첫 오페라를 작곡했어요.

2 모차르트의 첫 번째 그랜드 투어에 대한 설명으로 맞으면 ○표, 틀리면 X표 하세요.

(1) 아버지와 단둘이 떠났던 연주 여행이에요. ( )

(2) 오스트리아 빈을 시작으로 여러 도시를 여행하며 연주회를 열었어요. ( )

(3) 첫 연주회를 한 '거울의 방'은 베르사이유 궁전 안에 있었어요. ( )

3 모차르트의 연주 여행과 관련된 숫자를 모두 찾아 색칠하세요.

6 10 12 88

4 글을 읽고, 빈칸에 알맞은 말을 쓰세요.

모차르트의 음악 인생에서 빼놓을 수 없는 것은 ☐☐ ☐☐이다.

어휘 풀이

- **신동** 재주와 슬기가 남달리 뛰어난 아이.
- **그랜드 투어** 19세기 때 영국 상류층 젊은이들이 교육을 위해 떠난 유럽 여행.
- **교향곡** 관악기와 현악기로 이루어진 음악을 위해 작곡한 곡.
- **오페라** 음악을 중심으로 엮은 연극.

5 일차

나혜석

신여성으로 살고, 그리다

나혜석은 우리나라 최초의 서양화가이자, 시와 수필 등 여러 문학 작품을 발표한 예술인이었어요. 보통학교를 1등으로 졸업한 뒤, 오빠의 뜻에 따라 17세에 일본으로 건너가 서양화를 공부했어요.

부유한 집안에서 태어나 오빠의 사랑을 듬뿍 받으면서 자랐지만, 그녀가 살았던 시대에는 여자가 차별을 받았어요. 여자아이들은 학교에 잘 보내지 않았고, 결혼하면 집에서 살림만 하기를 바랐지요. 나혜석은 그런 사회적 문제를 비판하는 내용의 글을 발표하기도 했어요. 이 시기에 그려진 〈자화상〉에는 작가의 고민이 잘 드러나 있어요. 어두운색으로 그려진 그림 속 여인은 슬퍼 보이지만 빨려들 것만 같이 강인한 눈빛을 갖고 있지요.

나혜석은 초기에 인물이나 풍경을 사실적으로 표현한 그림을 많이 그렸어요. 우리나라에서 여성 최초로 전시회를 개최하기도 했지요. 그러다가 1927년, 미술 공부를 더 하기 위해 남편과 함께 시베리아 횡단 열차를 타고 프랑스 파리로 떠났어요. 그곳에서 서양의 여러 그림들을 연구했지요.

"색을 더 강렬하고 과감하게 표현해 보면 어떨까? 조금 더 새로운 방법으로 그림을 그리고 싶어."

프랑스에서 나혜석은 야수파의 영향을 받아, 그전과는 다른 화풍으로 그리게 되었어요. 야수파는 강렬한 색을 사용하는 당시 미술 흐름 중 하나였어요. 구름과 바다의 색의 대비가 강렬한 〈스페인 항구〉, 〈화령전 작약〉, 〈해인사 석탑〉 등이 이때 그려진 작품이에요.

화가

나혜석

대한민국(1896~1948년)

일제 시대에 활동한 우리나라 최초의 여성 서양화가이자 문학가. 대표 작품으로 〈무희〉와 〈스페인 항구〉, 〈자화상〉 등이 있음.

1896	1921	1927	1928	1931
경기도 수원에서 태어남.	첫 전시회 개최	프랑스 파리로 떠남.	〈나부〉 발표	제12회 제국 미술 전람회에서 상을 받음.

1 나혜석에 대한 설명으로 틀린 것을 고르세요. (　　　)

① 우리나라 최초의 여성 서양화가예요.
② 다양한 문학 작품을 발표했어요.
③ 여자가 차별받는 사회를 비판했어요.
④ 17세에 프랑스로 건너가 서양화를 공부했어요.

2 나혜석의 〈자화상〉에 대해 바르게 말한 아이를 찾아 이름에 ○표 하세요.

민서 슬퍼 보이지만 강인한 남자의 눈빛이 잘 살아 있어.

석준 아주 강렬하고 화려한 색으로 그린 것이 인상적이야.

진아 작가의 고민이 잘 드러나 있어.

3 나혜석에 대한 글을 읽고, 빈 곳에 알맞은 말을 쓰세요.

나혜석은 초기에 인물이나 풍경을 ________________으로 표현한 그림을 많이 그렸어요. 그러다가 프랑스에서 미술을 공부하면서 ________________의 영향으로 좀 더 강렬하고 과감한 색으로 표현하게 되었어요.

4 나혜석이 야수파의 영향을 받아 그린 그림이 아닌 것을 고르세요. (　　　)

① 〈자화상〉
② 〈스페인 항구〉
③ 〈화령전 작약〉
④ 〈해인사 석탑〉

어휘 풀이

- **자화상** 스스로 그린 자기의 초상화.
- **횡단 열차** 동쪽과 서쪽을 가로지르는 열차.
- **강렬하다** 강하고 세차다.
- **과감하다** 일을 딱 잘라 정하고 용감하다.
- **화풍** 그림을 그리는 방식.
- **대비** 그림에서 서로 반대되는 색이나 모양을 쓰는 일.

독해력 완성하기

먼저 1~5일차의 지문을
한 번씩 읽은 다음 문제를 풀어 보세요.

1일차 2일차 4일차

1 다음 인물과 관련 있는 것을 보기 에서 모두 찾아 기호를 쓰세요.

보기

㉠ 청색 시대	㉡ 까사 밀라	㉢ 입체파
㉣ 거울의 방	㉤ 연주 여행	㉥ 사그라다 파밀리아

(1) 가우디 ( )

(2) 피카소 ( )

(3) 모차르트 ( )

1일차 5일차

2 다음 인물에 대한 설명으로 알맞은 것을 찾아 줄로 이으세요.

피카소 •　　　　• 야수파의 영향을 받아 〈스페인 항구〉를 그렸어요.

나혜석 •　　　　• 자신만이 보는 새로운 방식으로 〈아비뇽의 처녀들〉을 그렸어요.

3일차

3 다음 글을 읽고, ㉠~㉣ 중 중심 문장으로 알맞은 것을 찾아 기호를 쓰세요.

㉠《로미오와 줄리엣》은 비극적인 사랑 이야기예요. ㉡서로를 원수로 여기는 두 가문의 로미오와 줄리엣은 첫눈에 사랑에 빠져요. ㉢집안의 반대로 로미오와 헤어진 줄리엣은 하루 만에 깨어나는 신비한 독약을 먹고 깊은 잠에 들어요. ㉣그러나 줄리엣이 죽은 줄 알았던 로미오는 진짜 독약을 먹지요.

( )

2일차

4 다음은 가우디가 지은 '사그라다 파밀리아 성당'에 대한 설명이에요. 빈 곳에 알맞은 말을 보기 에서 각각 찾아 쓰세요.

보기

처음 마지막 기둥 첨탑

	의미	특징
사그라다 파밀리아 성당	가우디가 ________ 으로 지은 건축물이에요.	뾰족한 네 개의 ________ 이 옥수수가 서 있는 것처럼 보여요.

4일차

5 다음 밑줄 친 낱말의 뜻과 가장 거리가 먼 것을 고르세요. ( )

여섯 살의 어린 모차르트는 황후와 귀족들 앞에서 음악적 재능을 뽐냈답니다.

① 자질
② 성격
③ 소질
④ 재주

매체 활용

3일차

6 다음 연극 공연 안내문을 읽고, 알 수 없는 내용을 고르세요. ( )

셰익스피어 4대 비극 《햄릿》 공연

출연진 김동식 / 이미혜 / 강수진 / 임희원

공연 날짜 20○○. 5. 1 ~ 6. 30

관람 시간 매주 평일 오후 3시 / 토요일 오후 7시

*공연 시작 시간 30분 전에 현장 티켓 판매를 마감합니다.
*공연 시작 10분 전에 입장하여 주시기 바랍니다.

① 평일에는 오후 3시에 공연이 있다.
② 공연이 시작되기 10분 전에 입장해야 한다.
③ 공연 기간은 5월~6월 두 달 동안이다.
④ 공연 티켓은 현장에서 구입할 수 없다.

보이는 대로 그리기를 거부한 '입체주의'

미술에서 '입체주의'라는 말을 들어 본 적 있니? 이 말은 '조그만 입체 덩어리'라는 말에서 유래했어. 1900년대 초에 프랑스 파리를 중심으로 피카소, 브라크, 세잔 같은 화가들이 이 화풍으로 그림을 그려서 유명해졌지.

▲ 후안 그리스 〈파블로 피카소의 초상화〉

그전에는 자연을 있는 그대로 그리는 '인상주의'가 유행했어. 그런데 입체주의 화가들은 우리 눈이 보는 모습대로 대상을 표현하기를 거부했어. 여러 방향에서 본 대상의 모습을 하나의 그림 안에 그려 넣기도 했고, 사람을 원, 삼각형 같은 도형들의 조합으로 묘사하기도 했어. 우리가 실제 보는 모습과는 많이 달라 보이고, 좀 이상해 보이기도 하지? 이렇게 그림에 대한 새로운 시도는 늘 있어 왔어.

140년 간 짓고 있는 건축물이 있다고?

▲ 안토니오 가우디, '사그라다 파밀리아 성당'

세상에서 가장 오랜 기간 동안 짓고 있는 건축물이 뭔지 알아? 바로 건축가 안토니오 가우디의 '사그라다 파밀리아 성당'이야. 스페인어로 '사그라다'는 '성스러운', '파밀리아'는 '가족'을 의미하기 때문에 '성가족 성당'이라고 불리기도 해. 로마 가톨릭교의 성당으로 1882년에 짓기 시작해서 140년이 지난 지금까지도 짓고 있는 미완성 건축물이야. 가우디가 죽을 때까지 무려 40여 년의 시간을 쏟았지만, 전체의 1/4밖에 짓지 못했어.

미완성이지만 가우디의 마지막 작품인 만큼 그의 독특한 건축 기법이 잘 담겨 있다고 평가받고 있어. 자연의 모습을 닮은 부드러운 곡선, 동화 속 건물처럼 환상적인 모습, 그리고 화려하게 채색된 타일 등이 특징이야.

《로미오와 줄리엣》은 왜 4대 비극에 속하지 않을까?

셰익스피어의 4대 비극에는 《햄릿》, 《리어 왕》, 《맥베스》, 《오셀로》가 있어. 4대 비극의 특징은 주인공 중 최소 한 명은 반드시 비극적인 죽음을 맞이한다는 거야.

작가가 가장 먼저 집필한 《햄릿》은 "죽느냐 사느냐, 그것이 문제로다!"라는 대사로 유명해. 왕자인 주인공 햄릿은 왕자라고 하면 우리가 떠올리는 강인하고 결단력 있는 인물이 아니라, 마음속으로 고민과 갈등을 거듭하다가 주위 사람들을 불행으로 내몰고 마는 인물이야. 억울한 죽음을 당한 아버지가 햄릿 앞에 유령으로 나타나 자신을 해친 숙부에게 복수해 달라고 하지만, 결단을 내리지 못한 채 스스로 목숨을 끊고 말아.

《리어 왕》은 리어 왕이 세 딸의 애정을 시험하려다 비극을 맞게 되는 이야기야. 《오셀로》는 아름다운 여인 데스데모나와 결혼한 베니스의 흑인 장군 오셀로가 질투에 눈이 멀어 데스데모나를 죽이고 자신도 죽는다는 이야기야. 《맥베스》는 스코틀랜드의 장군 맥베스가 전쟁에서 승리하고 돌아오던 길에 세 명의 마녀에게서 자신이 왕의 자리에 오를 거라는 예언을 듣는 장면에서 시작해. 욕심에 눈이 먼 주인공의 비극적인 결말, 이야기 안 해도 알 것 같지?

그런데 슬픈 사랑 이야기 《로미오와 줄리엣》은 왜 4대 비극에 속하지 않는 걸까? 서로를 원수로 여기는 가문에서 태어난 로미오와 줄리엣, 두 사람은 중간에 많은 반대와 어려움을 겪지만 결국에는 죽음을 넘어서는 사랑을 이루기 때문이야. 이건 가끔 상식 문제로 나오기도 하니까 기억해 두면 좋아.

▲ 셰익스피어 초상화

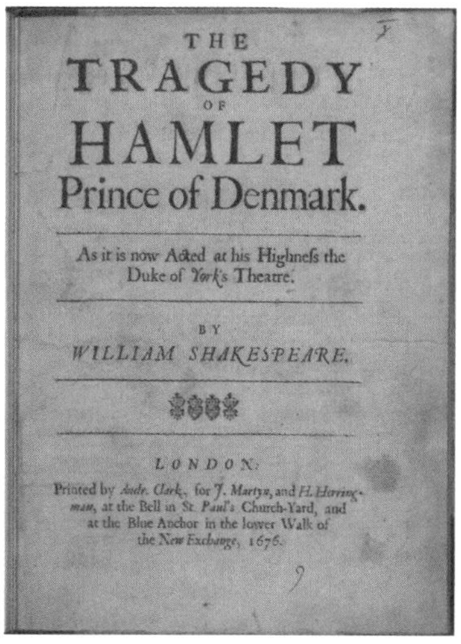

THE
TRAGEDY
OF
HAMLET
Prince of Denmark.

As it is now Acted at his Highneſs the Duke of York's Theatre.

BY
WILLIAM SHAKESPEARE.

LONDON,
Printed by Andr. Clark, for J. Martyn, and H. Herringman, at the Bell in St. Paul's Church-Yard, and at the Blue Anchor in the lower Walk of the New Exchange, 1676.

▲ 《햄릿》 극본

프리다 칼로

고통이 담긴 자화상을 그리다

프리다 칼로는 자화상을 많이 그린 멕시코의 화가예요. 프리다의 자화상 중 하나는 화려한 색으로 칠해져 있고, 나무와 풀, 새와 원숭이, 해와 달이 얼굴 주위에 그려져 있어요. 두 명의 프리다가 손을 잡은 자화상도 있지요. 자화상 속의 프리다는 언제나 정면을 바라보며 입술을 굳게 다물고 있어요.

프리다는 여섯 살 때 소아마비를 앓아 평생 오른쪽 다리가 건강하지 못했고, 열여덟 살에는 큰 교통사고를 당했어요. 몇 년간 침대에 누워만 있어야 했던 그녀를 위해 어머니는 침대 위 천장에 거울을 매달고, 누운 몸 위에 세울 수 있는 이젤을 만들어 주었어요. 프리다는 거울을 통해 보이는 자신의 모습과 고통의 감정을 그림으로 표현했어요. 이때부터 프리다의 주된 관찰의 대상은 그녀 자신이 되었지요.

프리다의 그림은 멕시코 전통 미술과도 연관성이 많아요. 해와 달을 같이 그려 넣어 빛과 어둠, 삶과 죽음을 표현하고, 아주 강렬한 색을 사용하는 것이 닮았어요. 남편 디에고 리베라도 멕시코 미술을 구현한 벽화 화가로 유명했어요. 그녀는 남편을 사랑했지만 배신을 당했는데, 이를 그림으로 표현하기도 했어요. 〈상처 입은 사슴〉 속 화살을 맞은 사슴은 끊임없는 수술과 사랑의 배신으로 고통받은 프리다 자신이었어요.

프리다는 1954년 숨을 거둘 때까지 고통에 굴복하는 대신 그것을 그림으로 그렸어요.

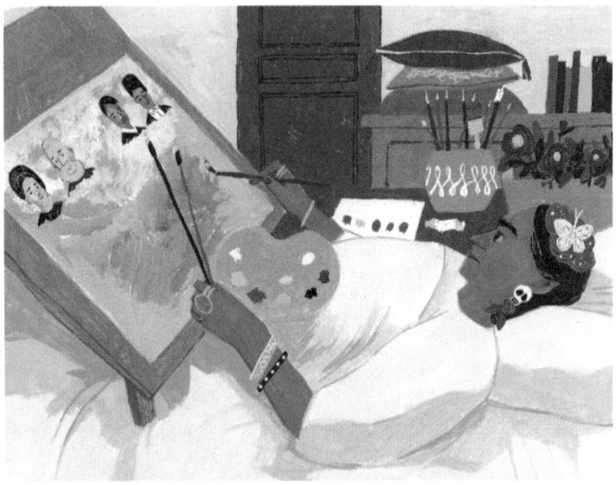

"고통이 가득한 인생이지만 나는 내 인생을 사랑해."

프리다의 자화상 속에는 이렇게 말하는 용감한 여성의 얼굴이 있어요.

화가

프리다 칼로
멕시코(1907~1954년)

멕시코 현대 미술의 대표적인 화가. 고통스러운 삶을 예술로 승화시켜 작품으로 표현했으며, 대표작으로 〈두 명의 프리다〉, 〈부서진 기둥〉 등이 있음.

1907	1925	1926	1929	1953
멕시코에서 태어남.	큰 교통사고를 당함.	최초의 자화상을 그림.	디에고 리베라와 결혼	멕시코에서 첫 단독 전시회

1 프리다에게 일어난 일의 순서에 맞게 빈칸에 번호를 쓰세요.

큰 교통사고를 당했어요.	어머니가 이젤을 만들어 주었어요.	소아마비를 앓아 오른쪽 다리가 아팠어요.	작품 〈상처 입은 사슴〉을 통해 고통을 표현했어요.
(　　)	(　　)	(　　)	(　　)

2 프리다가 그린 자화상의 특징으로 맞으면 ○표, 틀리면 X표 하세요.

(1) 자화상 속의 프리다는 언제나 옆을 바라보고 있어요. (　　)

(2) 화려한 색으로 칠해져 있어요. (　　)

(3) 두 명의 프리다가 손을 잡은 자화상도 있어요. (　　)

3 글을 읽으면서 알맞은 말에 ○표 하세요.

프리다 칼로는 자신의 불행한 삶을 (음악 / 예술)을 통해 극복하려고 노력했어요. 특히 자신의 모습을 담은 (자화상 / 풍경화)을(를) 많이 그렸어요.

4 프리다의 그림에 대한 설명으로 틀린 것을 고르세요. (　　)

① 아주 강렬한 색을 사용했어요.
② 멕시코 전통 미술과 닮았어요.
③ 행복한 상상을 담은 그림을 많이 그렸어요.
④ 자기 자신을 사슴으로 표현하여 그리기도 했어요.

어휘 풀이

- **소아마비** 어린아이에게 많이 일어나는 운동 기능의 마비 증상.
- **이젤** 그림을 그릴 때 그림판을 놓는 틀.
- **연관성** 사물이나 현상이 일정한 관계를 맺는 특성이나 성질.
- **구현하다** 어떤 내용을 구체적인 사실로 나타나게 하다.
- **굴복하다** 힘이 모자라서 남이나 상황을 그대로 따르다.

7 일차

가브리엘 코코 샤넬

옷으로 여성에게 자유를 선물하다

'사람의 몸을 옷에 맞출 필요가 있을까? 사람 몸에 옷을 맞추어야 하는 게 아닐까? 모자에는 언제까지 새집을 얹고 다녀야 할까?'

샤넬이 살던 1900년대 초 유럽의 여성들은 허리를 졸라매는 코르셋과 드레스를 풍성하게 펼쳐 주는 페티코트를 입어야만 했어요. 챙이 넓은 모자에는 가짜 새집 장식까지 했지요. 샤넬은 이 모든 것을 버리고 여성의 몸을 편하게 해 주는 아름다운 옷을 만든 패션 디자이너예요. 샤넬은 옷에 단추와 주머니를 달아 편리하게 만들고, 휴양지에서 입고 돌아다닐 수 있는 편한 바지를 만들었어요. 샤넬이 살던 시대에는 여자들이 바지를 입는다는 건 상상도 할 수 없는 일이었어요.

"옷은 편안해야 해요. 거기다 몸의 단점을 가려 줄 수 있다면 최고지요."

샤넬이 디자인에 관심을 갖게 된 것은 어려서 고모 집에 갔을 때, 고모가 직접 만든 모자들을 보면서부터예요. 옷가게에서 점원으로 일하게 된 그녀는 손님들에게 자신이 만든 모자와 옷을 조금씩 보여 주기 시작했고, 사람들은 샤넬이 만든 옷에 감탄했어요.

"어머, 이 모자 좀 봐요. 장식이 하나도 없는데 오히려 더 세련되었어요!"

"이 옷은 남성복을 만드는 옷감으로 만든 것 같은데 몸에 잘 맞고 편안하군요!"

1910년 마침내 파리 캉봉 거리 21번지에 '샤넬 패션'이라는 가게를 열었어요. 이것이 오늘날 세계적인 패션 브랜드 '샤넬'의 시작이에요. 코코 샤넬은 늘 새롭고 대담한 디자인으로 유행을 이끌어 나갔고, 현재까지 여성복 디자인에 큰 영향을 미치고 있답니다.

패션 디자이너

가브리엘 코코 샤넬

프랑스(1883~1971년)

20세기 여성 패션을 새롭게 바꾼 패션 디자이너. 간편하고 입기 편한 옷을 주로 만들었으며, 답답한 속옷이나 장식으로부터 여성을 해방시켰음.

1883	1909	1910	1913
프랑스에서 태어남.	처음으로 모자 판매를 시작함.	캉봉 거리에 '샤넬 패션'을 엶.	남성복 옷감으로 옷을 만듦.

1 글을 읽고, 빈칸에 알맞은 말을 쓰세요.

샤넬은 사람의 [ ]에 [ ]을 맞추어야 한다고 생각한 패션 디자이너예요.

2 샤넬이 디자인한 옷과 가까운 것을 고르세요. ( )

① 빳빳한 천으로 된 몸에 꽉 끼는 치마
② 걸을 때 바닥에 끌리는 풍성한 드레스
③ 여러 개의 주머니와 단추가 달린 옷
④ 가짜 새집이 장식된 챙 넓은 모자

3 샤넬이 처음 디자인에 관심을 갖게 된 장소와 물건을 각각 골라 ○표 하세요.

장소	고아원	옷가게	고모 집
물건	페티코트	모자	바지

4 샤넬이 만든 패션의 특징이 아닌 것을 고르세요. ( )

① 몸에 잘 맞고 편안한 옷
② 장식이 없고 세련된 옷
③ 새롭고 대담한 디자인의 옷
④ 여성의 아름다움만 강조한 옷

어휘 풀이

- **코르셋** 배와 허리의 맵시를 내기 위하여 받쳐 입는 여자 속옷.
- **페티코트** 여자의 속옷으로, 스커트 밑에 받쳐 입는 속치마.
- **휴양지** 편안히 쉬면서 몸과 마음을 휴식하기에 알맞은 곳.
- **대담하다** 담력이 크고 용감하다.

8 일차

이중섭

그림으로 고통을 이기다

화가 이중섭은 어릴 때부터 소를 그리기를 즐겼어요. 하루 종일 소를 쳐다보다가 소 도둑으로 오해받은 사건도 있었지요. 소를 소재로 한 그의 작품 중에 〈흰 소〉와 〈황소〉가 가장 유명해요. 〈흰 소〉에 나오는 삐쩍 마른 소는 6·25 전쟁 이후 먹고 살기 힘들었던 우리 민족을 상징해요. 그와 달리 〈황소〉에서는 강한 노란색과 붉은색, 힘 있는 선으로 소를 표현하여 굳은 의지와 강렬한 인상을 느낄 수 있어요.

평안남도에서 태어난 이중섭은 일본 유학을 다녀오는 등 유복한 어린 시절을 보냈어요. 그러다가 6·25 전쟁 이후로 집안이 어려워져 고된 삶을 살았답니다. 전쟁이 일어나자 이중섭은 아내와 아이들을 데리고 남한으로 피난을 갔어요. 그 후 제주도로 건너간 그의 가족은 하루하루 힘들게 살아가야 했지요. 하지만 이중섭은 가족끼리 함께 지냈던 그 시절을 행복하고 소중하게 여겨서 작품으로 승화시켰어요.

"비록 나의 생활은 어렵고 우리나라는 전쟁 중이지만, 나의 그림에는 평화롭고 풍요로운 느낌을 담고 싶구나."

이때 작가가 그린 〈서귀포의 환상〉, 〈게와 가족〉, 〈두 아이와 물고기와 게〉에는 바닷가를 배경으로 행복하게 노니는 아이들의 모습이 잘 담겨 있어요. 이 그림들을 보면 마치 동심의 세계로 돌아간 느낌을 받을 수 있답니다. 이중섭은 비극적인 현실과 다른 평화롭고 희망찬 그림을 통해 자신이 바라는 바를 나타냈어요.

그의 작품들은 그가 살아 있을 당시에는 유명하지 않았지만, 사망 이후 그 가치를 크게 인정받게 됐어요.

화가

이중섭

대한민국(1916~1956년)

소를 소재로 한 작품을 주로 그린 한국의 대표적인 서양화가. 대담하고 거친 그림체가 특징이며, 천진난만한 어린아이의 마음이 작품 속에 녹아 있음.

- 1916 평안남도에서 태어남.
- 1951 전쟁 중 제주도로 피난
- 1951 〈서귀포의 환상〉 완성
- 1954 〈황소〉 완성
- 1955 서울에서 전시회 개최

1 이중섭에 대한 설명으로 <u>틀린</u> 것을 고르세요. ( )

① 평안남도에서 태어났어요.
② 일본 유학을 다녀온 적이 있어요.
③ 6·25 전쟁 이후에 집안이 어려워졌어요.
④ 살아 있을 당시 유명한 화가였어요.

2 〈서귀포의 환상〉에 대한 글을 읽으면서 알맞은 말에 ○표 하세요.

〈서귀포의 환상〉에는 (시냇가 / 바닷가)를 배경으로 노니는 아이들의 모습이 담겨 있어요. 이중섭은 당시 현실과 (반대되는 / 비슷한) 평화로운 모습을 그리고자 했어요.

3 이중섭이 바다를 배경으로 그린 작품이 <u>아닌</u> 것을 고르세요. ( )

① 〈황소〉
② 〈게와 가족〉
③ 〈서귀포의 환상〉
④ 〈두 아이와 물고기와 게〉

4 이중섭이 '소'를 소재로 그린 작품에 대해 바르게 말한 아이를 찾아 이름에 ○표 하세요.

정훈 〈황소〉에서는 굳은 의지를 느낄 수 있어.

유진 〈황소〉는 푸른색으로 강렬한 인상을 표현했어.

서영 〈흰 소〉에 나오는 소는 풍요로운 우리 민족을 상징해.

어휘 풀이

- **상징** 말로 설명하기 힘든 사물을 구체적인 사물로 나타내는 것.
- **유복하다** 살림이 넉넉하다.
- **승화** 어떤 현상이 더 높은 상태로 발전하는 일.
- **노닐다** 한가하게 이리저리 왔다갔다 하면서 놀다.
- **동심** 어린아이의 마음.

9
일차

미야자키 하야오

인간과 자연이 함께 하기를 꿈꾸다

미야자키 하야오가 어릴 때 큰 전쟁으로 하늘에서 폭탄이 떨어지고 도시는 불바다가 되었어요. 하야오의 가족들은 자동차를 타고 피난을 갔지요. 사람들은 자기도 차에 태워 달라고 했지만, 하야오의 아버지는 이를 뿌리쳤어요.

'내가 만약 저 사람들을 도와 달라고 아버지에게 강하게 이야기했다면 도와주었을지도 몰라.'

이때의 기억을 잊을 수 없었던 그는 다른 사람들을 도와주는 주인공이 나오는 애니메이션을 만들고 싶었어요. 〈바람 계곡의 나우시카〉, 〈센과 치히로의 행방불명〉은 바로 그의 이런 경험에 의해 탄생하였어요.

1980년대 초, 미야자키 하야오는 만화 영화를 만드는 회사에서 만화 영화의 원작 만화부터 그리게 되었어요. 그 첫 만화가 바로 〈바람 계곡의 나우시카〉예요. 이 만화가 큰 인기를 끌자 극장용 만화 영화를 만들 수 있게 되었답니다.

"나는 이 작품에서 인간과 자연의 관계를 그려 내고 싶어. 그리고 전쟁이 인간 사회와 환경을 얼마나 나쁜 쪽으로 변화시키는지도 이야기하고 싶어."

이러한 철학이 담긴 〈바람 계곡의 나우시카〉는 개봉 이후 좋은 평가를 받았어요. 나우시카는 독을 내뿜는 균과 벌레로 뒤덮인 황폐해진 지구에서 인간과 자연의 공존을 위해 나쁜 세력과 맞서 싸우는 주인공이에요. 하야오는 이러한 성공을 발판으로 삼아 '스튜디오 지브리'라는 애니메이션 회사를 세웠고, 많은 명작들을 탄생시킬 수 있었답니다.

애니메이션 감독

미야자키 하야오

일본(1941~)

〈하울의 움직이는 성〉, 〈이웃집 토토로〉 등 전 세계적으로 사랑받는 많은 애니메이션을 만든 감독. 다양한 캐릭터를 창조하였고 자연과 공존, 여성 등 그만의 철학이 담겨 있는 작품들로 큰 사랑을 받음.

- 1941 일본 도쿄에서 태어남.
- 1978 첫 연출작 〈미래 소년 코난〉 방영
- 1984 〈바람 계곡의 나우시카〉 개봉
- 1985 스튜디오 지브리 세움.
- 2001 〈센과 치히로의 행방불명〉 개봉

1 이 글을 읽고, 알 수 없는 것을 고르세요. ( )

① 미야자키 하야오는 인간과 자연의 관계를 중요하게 생각했어요.
② 〈바람 계곡의 나우시카〉는 개봉 이후 좋은 평가를 받았어요.
③ 미야자키 하야오는 아주 많은 상을 받았어요.
④ 미야자키 하야오는 스튜디오 지브리를 세웠어요.

2 보기 에서 공통적으로 설명하고 있는 작품의 이름을 쓰세요.

보기

- 미야자키 하야오의 첫 원작 만화이자, 극장용 만화 영화예요.
- 인간과 자연의 관계를 그려 내고 있는 작품이에요.
- 주인공이 황폐해진 지구를 지키려고 나쁜 세력과 맞서 싸워요.

3 미야자키 하야오가 세운 애니메이션 회사의 이름을 쓰세요.

스튜디오 □□□

4 밑줄 친 낱말과 뜻이 비슷한 것을 찾아 ○표 하세요.

미야자키 하야오는 많은 명작들을 탄생시킬 수 있었답니다.

평가 성공 걸작

어휘 풀이

- **애니메이션** 만화나 인형을 이용하여 마치 살아 있는 것처럼 생동감 있게 촬영한 영화.
- **원작** 연극이나 영화, 드라마로 제작되기 이전의 원래 문학이나 만화 작품.
- **황폐** 집, 토지, 숲 따위가 거칠어져 못 쓰게 됨.
- **공존** 서로 도와서 함께 존재함.
- **발판** 다른 곳으로 나아가기 위해 이용하는 수단을 비유하여 이르는 말.

10
일차

빈센트 반 고흐

자기만의 색채를 완성하다

빈센트 반 고흐는 살아 있을 적에 그림을 단 한 개밖에 못 팔 정도로 인정받지 못하다가, 나중에는 세계에서 가장 유명한 화가 중 한 명이 되었어요. 고흐는 그가 그린 작품들을 비슷하게 따라 그린 복제화가 가장 많은 화가이기도 해요.

가난한 집에서 자란 고흐는 열여섯 살에 학교를 그만둔 후 화랑에서 그림 파는 일을 하게 되었어요. 그러다가 가난한 농부들의 어려운 현실을 담은 그림을 그리기 시작했어요. 어두운 색채로 그려진 〈감자 먹는 사람들〉이 이때의 작품이에요. 하지만 사람들은 이 그림을 별로 좋아하지 않았고, 아무도 그림을 사지 않았어요. 물감을 살 돈조차 부족했던 그를 평생 동안 지지해 준 사람이 바로 동생 테오였어요.

"테오야, 언젠가는 내 그림이 물감 값과 생활비보다 더 큰 가치가 있다는 걸 사람들도 알게 될 날이 올 거야."

테오에게 보낸 수많은 편지들을 통해서 우리는 고흐가 생활했던 모습과 작품에 대한 생각 등을 잘 알 수 있지요.

작품 활동을 넓히기 위해 네덜란드에서 프랑스로 건너간 고흐는 인상주의의 영향을 받아 자연의 아름다운 색을 골똘히 연구했어요. 특히 자연 풍경이 아름다운 프랑스 아를에서 그린 그림들에는 이러한 그의 고민이 잘 녹아들어 있어요.

이 시기의 작품 〈별이 빛나는 밤에〉는 소용돌이치는 듯한 투박한 붓질과 붉은색, 노란색 등 밝은 색채로 하늘을 강렬하게 표현하였지요. 이 그림은 전 세계에서 가장 사랑받는 작품이 되었어요.

화가

빈센트 반 고흐

네덜란드(1853~1890년)

네덜란드의 후기 인상주의 화가. 강렬한 색감 등이 특징이며, 대표작으로 〈별이 빛나는 밤에〉, 〈해바라기〉, 〈고흐의 방〉 등이 있음.

1853	1885	1888	1888	1889
네덜란드에서 태어남.	〈감자 먹는 사람들〉 완성	프랑스 아를에서 작품 활동 시작	〈해바라기〉 완성	〈별이 빛나는 밤에〉 완성

1 고흐에 대한 설명으로 맞으면 ○표, 틀리면 X표 하세요.

(1) 자신을 지지해 주는 동생 테오에게 많은 편지를 썼어요. ( )

(2) 살아 있을 적에 유명해서 많은 작품을 팔았어요. ( )

(3) 물감을 살 돈도 없을 만큼 가난했어요. ( )

2 고흐에 대한 글을 읽고, 빈 곳에 알맞은 말을 쓰세요.

네덜란드에서 프랑스로 건너간 고흐는 ______________의 영향을 받아 자연의 아름다운 ____을 골똘히 연구했어요.

3 이 글을 읽고, 알 수 없는 것을 고르세요. ( )

① 고흐는 화랑에서 그림 파는 일을 했어요.
② 고흐는 가난한 농부들의 현실을 어두운 색채로 그렸어요.
③ 고흐는 자화상을 많이 그렸어요.
④ 고흐의 작품을 따라 그린 복제화가 많이 있어요.

4 다음 고흐의 작품과 관련 있는 것을 2개씩 찾아 줄로 이으세요.

	• 밝은 색채
감자 먹는 사람들 •	• 어두운 색채
별이 빛나는 밤에 •	• 풍경
	• 사람

어휘 풀이

- **복제화** 원래의 그림을 사람들에게 널리 알리려고 여러 장 찍어 낸 그림.
- **화랑** 그림 따위의 미술품을 진열하여 관람하도록 만든 방.
- **인상주의** 있는 그대로를 그리기보다는 사물에서 받은 순간적인 인상을 표현한 그림 경향.
- **투박하다** 생김새가 볼품없이 둔하고 거칠다.
- **붓질** 붓을 놀려 그림을 그리는 일.

2 주차

독해력 완성하기

먼저 6~10일차의 지문을 한 번씩 읽은 다음 문제를 풀어 보세요.

6일차 8일차 10일차

1 다음 인물에 대한 설명으로 알맞은 것을 **보기** 에서 찾아 각각 기호를 쓰세요.

보기

㉠ 인상주의의 영향으로 자연의 아름다운 색을 표현한 화가

㉡ 자화상을 많이 그린 멕시코의 화가

㉢ 전쟁 중 제주도에 내려가 평화로운 그림을 그린 화가

(1) 프리다 칼로 (　　　　)

(2) 이중섭 (　　　　)

(3) 반 고흐 (　　　　)

6일차 8일차 9일차 10일차

2 인물과 작품이 바르게 연결되지 않은 것을 고르세요. (　　　　)

① 반 고흐 - 〈별이 빛나는 밤에〉

② 미야자키 하야오 - 〈황소〉

③ 프리다 칼로 - 〈상처 입은 사슴〉

④ 이중섭 - 〈게와 가족〉

7일차

3 샤넬의 생각을 읽고, 샤넬이 만든 옷과 거리가 먼 것을 고르세요. (　　　　)

'사람의 몸을 옷에 맞출 필요가 있을까? 사람 몸에 옷을 맞추어야 하는 게 아닐까? 모자에는 언제까지 새집을 얹고 다녀야 할까?'

① 편한 바지

② 단추를 단 옷

③ 주머니를 단 옷

④ 챙 넓은 모자

9일차

4 다음 글을 읽고, 빈칸에 알맞은 말을 쓰세요.

〈바람 계곡의 나우시카〉는 인간과 □□의 관계를 그려 낸 작품이에요.

6일차

5 다음 중 밑줄 친 두 낱말의 관계와 다른 것을 고르세요. (　　　　)

프리다는 해와 달을 같이 그려 넣어 빛과 어둠을 표현했어요.

① 행복 - 불행　　② 삶 - 죽음

③ 낮 - 밤　　④ 미각 - 시각

매체 활용

8일차

6 다음 신문 기사를 읽고, 이번 전시회에서 소개되는 이중섭 그림이 아닌 것을 고르세요. (　　　　)

제주 신문　　20○○년 ○○월 ○○일

서귀포시에 위치한 이중섭 미술관에서는 개관 20주년을 맞이하여 오는 16일부터 28일까지 '청년 이중섭, 사랑과 그리움' 전시회가 열린다.

이번 전시회에서는 미술관에서 소장하지 않은 작품들도 같이 선보일 예정이다. 이중섭 그림 가운데, 〈길 떠나는 가족〉, 〈복숭아밭에서 노는 가족〉, 〈무제 1〉, 〈흰 소〉, 〈두 아이와 물고기와 게〉를 만나 볼 수 있다.

① 〈황소〉　　② 〈복숭아밭에서 노는 가족〉

③ 〈흰 소〉　　④ 〈길 떠나는 가족〉

선명한 색을 사랑한 프리다 칼로

프리다 칼로는 그림을 그릴 때 피처럼 선명한 붉은색을 자주 사용했어. 붉은색은 희생, 폭력, 용기, 고통을 의미하는데, 중세 유럽에서는 동물의 피를 이 색의 원료로 쓰기도 했어.

프리다는 그림에 선명한 색채를 사용하기를 즐겼고, 자신이 좋아하는 색깔들에 특별한 의미를 두었어. 일기장에는 색마다 그 의미를 적어 두기도 했는데, 녹색에 대해서는 '따뜻하고 선량한 빛'으로, 노란색에 대해서는 '광기, 질병, 두려움, 하지만 태양과 약간의 기쁨'이라고 써 두었다고 해.

▲ 프리다 칼로

줄무늬 티셔츠를 남자들만 입었다고?

▲ 자신이 디자인한 티셔츠를 입은 샤넬

너희 집 옷장을 한번 열어 봐. 가로 줄무늬 티셔츠 한 벌쯤은 있을 거야. 가로 줄무늬 티셔츠를 여성복으로 처음 만든 사람이 바로 샤넬이라는 것 알고 있니? 샤넬은 남자들만 입던 프랑스의 전통적인 선원 복장을 입기 편하게 바꿔서 여성들에게 최초로 가로 줄무늬 티셔츠를 입혔어. 옷이 사람을 불편하게 하지 않아야 한다는 생각으로, 여성들이 실생활에서 입기 편한 실용적인 옷을 만들었지.

그때까지 여성의 몸을 불편하게 만들던 모자, 코르셋, 치렁치렁한 드레스 같은 무거운 옷을 벗어던지고 검은색 미니 드레스, 따뜻하고 가벼운 가디건 같은 옷들을 창조해 냈어.

제주도에 가면 들러 볼 만한 이중섭 미술관

▲ 제주도에 있는 이중섭 미술관

제주도 서귀포시에 가면 화가 이중섭을 기리기 위한 이중섭 거리가 있고, 아담한 크기의 이중섭 미술관도 자리하고 있어. 1951년에 이중섭은 가족과 함께 제주로 내려가서 일 년 가까이 작품 활동을 했는데, 이를 기리기 위해 만든 곳이야.

미술관 1층 상설전시실에는 이중섭의 작품 11점과 각종 자료, 부인이 이중섭과 시인 구상에게 보낸 편지 등이 전시되어 있어. 〈섶섬이 보이는 풍경〉, 〈파란 게와 어린이〉, 〈선착장을 내려다본 풍경〉, 〈꽃과 아이들〉, 〈게와 물고기가 있는 가족〉 등이 대표적인 전시 작품이야. 소박하고 천진난만한 화풍의 〈게와 물고기가 있는 가족〉은 은박 종이에 그린 것으로도 유명해.

토토로에서 치히로까지, 특별한 주인공들

▲ 〈이웃집 토토로〉의 토토로 캐릭터

애니메이션 감독 미야자키 하야오는 세계적으로 인기 있는 주인공을 창조해 냈어. 〈이웃집 토토로〉라는 애니메이션을 본 적은 없어도, 복슬복슬 통통한 배가 매력적인 주인공 '토토로'를 잘 모르는 친구들은 없을걸.

〈센과 치히로의 행방불명〉의 열 살 소녀 치히로는 신들의 음식을 먹고 돼지로 변해 버린 부모님을 구하기 위해 고난을 헤쳐 나가는 용감한 아이야. 미야자키 하야오는 소녀를 주체적이고 매력적인 주인공으로 그려 내곤 했어. 〈바람 계곡의 나우시카〉에는 기계 문명과 맞서는 나우시카 공주가 등장하고, 〈마녀 배달부 키키〉에는 하늘을 나는 빗자루를 타고 모험을 떠나는 열세 살 소녀 키키가 등장하지.

11
일차

허난설헌

글을 사랑한 소녀가 시인이 되다

"어머니는 왜 바느질과 요리는 배워도 되고 글짓기는 안 된다고 하시는 거지?"

어머니의 말씀을 받아들이기 어려웠던 여덟 살 허난설헌은 막 지은 글을 오빠 허봉에게 보여 주었어요. 글의 제목은 〈광한전백옥루상량문(달에 지은 궁궐의 완성을 축하하는 글)〉이었어요. 허봉은 여동생의 글을 읽고 걱정이 앞섰어요. 조선 시대는 여자들이 글공부보다 집에서 살림하는 것을 옳게 여기던 때였는데, 그러기에는 여동생의 글재주가 너무 뛰어났기 때문이에요.

어린 시절 허난설헌은 마음껏 책을 읽고 시를 지으며 자랐어요. 가난한 사람들이나 차별당하는 사람들의 처지도 헤아릴 줄 알았어요. 이때 지은 〈빈녀음〉은 집안이 가난하여 부잣집 신부의 결혼식 옷만 바느질하는 여자의 슬픔을 노래한 시예요.

난설헌이 열다섯 살에 결혼하면서 불행이 시작되었어요. 남편과 시어머니는 그 시대의 평범한 부인답지 않게 책 읽기와 글짓기를 좋아하는 그녀를 못마땅하게 여겼어요. 사랑하던 어린 아들과 딸마저 병으로 죽자, 난설헌은 슬픔과 괴로움 속에 하루하루 버티다 스물일곱 살의 나이로 세상을 떠나고 말았지요.

난설헌은 신선 세계를 상상하여 노래한 〈유선시〉를 많이 지었는데, 현실에서는 자신의 재능을 펼칠 수 없었기 때문이에요. 살아 있는 동안 천 편이 넘는 시를 지었는데, 남동생 허균이 편찬한 《난설헌집》에 실려 전하는 것은 이백 편이 조금 넘어요. 난설헌의 시들은 중국과 일본에도 전해져 많은 사람들에게 감동을 주었어요.

시인

허난설헌

조선 시대(1563~1589년)

조선 시대의 시인. 불행한 자신의 처지를 시로 표현했음. 우리나라 최초의 한글 소설인 《홍길동전》을 지은 소설가 허균의 누나.

1563	1570	1577	1589	1608
강릉에서 태어남.	〈광한전백옥루상량문〉을 짓고 천재로 알려짐.	김성립과 결혼	세상을 떠남.	허균이 《난설헌집》을 펴냄.

1 허난설헌에 대한 설명으로 틀린 것을 고르세요. ( )

① 바느질보다 글공부를 더 좋아했어요.
② 가난한 사람들의 처지를 헤아릴 줄 알았어요.
③ 어릴 적 글을 지어 오빠 허봉에게 보여 주었어요.
④ 집에서 살림하는 것을 가장 좋아했어요.

2 허난설헌이 지은 작품의 내용으로 알맞은 것을 찾아 줄로 이으세요.

광한전백옥루상량문	•	•	가난한 여인의 슬픔을 노래한 시
빈녀음	•	•	달에 지은 궁궐의 완성을 축하하는 글
유선시	•	•	신선 세계를 노래한 시

3 허난설헌이 결혼한 후에 불행했던 이유와 거리가 먼 것을 고르세요. ( )

① 밤마다 시를 짓느라 힘들어서
② 어린 아들과 딸이 병으로 죽어서
③ 자신의 재능을 펼칠 수 없는 상황 때문에
④ 남편과 시어머니가 그녀가 책 읽는 것을 못마땅하게 여겨서

4 글을 읽고, 빈칸에 알맞은 말을 쓰세요.

허난설헌의 남동생 허균은 난설헌이 지은 작품을 모아서 《 □□□□ 》을 펴내었고, 난설헌의 시들은 중국과 일본에 널리 전해졌어요.

어휘 풀이

- **처지** 사정이나 형편.
- **빈녀음** '가난한 여인이 노래하다'라는 뜻.
- **신선** 도를 닦아 현실의 인간 세계를 떠나 자연과 벗하며 산다는 상상의 사람.
- **유선시** 현실 세계를 떠나 자연에서 노니는 신선들을 노래한 시.
- **편찬하다** 여러 가지 자료를 모아 체계적으로 정리하여 책을 만들다.

12
일차

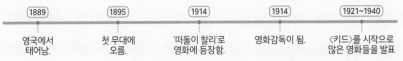

찰리 채플린

사람들을 웃기고 울리다

크고 둥그런 모자, 콧수염, 꽉 끼는 양복 윗도리와 헐렁한 바지, 커다란 신발, 지팡이와 뒤뚱이는 오리걸음. 영화배우 찰리 채플린이 만들어 낸 '떠돌이 찰리'의 모습이에요.

찰리 채플린의 부모님은 극단의 무명 배우였어요. 집안이 몹시 가난해서, 어린 형과 채플린은 보육원에 맡겨질 때도 있었고 길에서 잠을 자기도 했지요. 채플린은 조금이라도 돈을 벌기 위해 신문팔이, 이발사 조수, 인쇄 공장 일꾼 등 닥치는 대로 일을 했어요. '떠돌이 찰리'는 바로 이 어린 시절의 경험들에서 나온 캐릭터예요.

영국에서 극단의 배우로 일하던 소년 채플린은 1910년 미국 순회 공연을 가게 되었고, 소년의 연기를 눈여겨본 영화 제작자의 눈에 띄어 영화의 세계로 들어서게 되었어요. 영화배우가 된 채플린은 어릿광대 '떠돌이 찰리'를 탄생시켰어요. 채플린은 지팡이를 흔들고 다리를 벌리고 뒤뚱거리며 우스꽝스럽게 연기를 했어요. 사람들은 겉모습은 우스꽝스럽지만 마음은 따뜻한 떠돌이 찰리를 좋아했어요.

채플린은 자신이 직접 영화를 만들고 싶어서 영화사를 차렸어요. 첫 제작 영화 〈키드〉는 떠돌이 찰리가 집 앞에서 발견한 아기를 키우는 눈물겹고 따뜻한 이야기예요. 〈황금광 시대〉는 황금에 눈이 먼 사람들을, 〈모던 타임즈〉는 기계가 주인이 된 세상을 비판하는 영화예요. 사람들은 채플린의 영화를 보면서 웃기도 하고, 울기도 하고, 화를 내기도 했어요. 채플린은 엉뚱한 웃음 속에 인생의 슬픔을 담아냈지요.

채플린은 늘 이렇게 말했어요.

"사람들이 웃음을 터뜨리면 나는 '잘 해냈구나!' 하고 생각합니다. 나는 웃음과 눈물에 미움과 폭력을 고쳐 주는 힘이 있다고 믿습니다."

영화배우, 감독

찰리 채플린

영국(1889~1977년)

영국의 영화배우, 영화감독, 제작자. 1914년 첫 영화를 발표한 이래 〈황금광 시대〉, 〈모던 타임즈〉 등 뛰어난 작품을 다수 만들어 냈음.

1889	1895	1914	1914	1921~1940
영국에서 태어남.	첫 무대에 오름.	'떠돌이 찰리'로 영화에 등장함.	영화감독이 됨.	〈키드〉를 시작으로 많은 영화들을 발표

1 이 글을 읽고, '떠돌이 찰리'의 모습을 상상한 것으로 알맞은 것을 고르세요. (　　　　)

①

②

③

④

2 찰리 채플린에 대한 설명으로 <u>틀린</u> 것을 고르세요. (　　　　)

① 채플린은 어린 시절 매우 가난했어요.
② 채플린은 영화배우이자 영화감독으로 활동했어요.
③ 미국 순회 공연에서 영화 제작자의 눈에 띄어 극단의 배우가 되었어요.
④ 사람들은 채플린이 연기하는 '떠돌이 찰리'를 좋아했어요.

3 글을 읽고, 빈칸에 알맞은 말을 쓰세요.

채플린은 엉뚱한 [ ][ ] 속에 인생의 [ ][ ]을 담아냈지요.

4 찰리 채플린이 만든 영화 제목이 <u>아닌</u> 것을 고르세요. (　　　　)

① 〈떠돌이 찰리〉
② 〈키드〉
③ 〈황금광 시대〉
④ 〈모던 타임즈〉

어휘 풀이

- **극단** 연극을 전문으로 공연하는 단체.
- **조수** 어떤 책임자 밑에서 지도를 받으면서 그 일을 도와주는 사람.
- **캐릭터** 소설이나 영화 등에 등장하는 인물. 또는 작품 속에서 드러나는 인물의 개성과 이미지.
- **순회** 여러 곳을 돌아다님.
- **어릿광대** 우스운 말이나 행동을 하여 남을 웃기는 사람.

13 일차

마리아 칼라스

오페라의 여왕이 되다

밀라노의 한 극장 안에는 관객들이 가득 차 있었지만 숨소리 하나 들리지 않았어요. 무대 위에서는 오페라의 여왕 마리아 칼라스가 〈노르마〉의 아리아를 부르고 있었어요.

"그녀의 목소리는 누구와도 비교할 수 없이 독특합니다. 감정 연기 또한 완벽하고 풍부해요. 오페라는 더 이상 그녀 이전으로 돌아갈 수 없게 되었어요."

당시 평론가들은 이렇게 평가했어요.

마리아 칼라스의 부모님은 칼라스가 태어나던 해 미국으로 이민을 온 그리스인이었어요. 어린 시절 그녀는 수줍음이 많았지만 음악을 사랑하는 아이였어요. 칼라스가 열네 살 되던 해, 경제 상황이 나빠지면서 어머니와 함께 그리스로 돌아왔어요.

칼라스는 그리스에서 아테네 국립 음악학교에 들어가 성악 공부를 하게 되었어요. 그곳에서 유명한 성악가였던 이달고 선생님을 만났는데, 이달고는 칼라스의 목소리를 '폭포수 같다'고 표현했어요. 칼라스는 음악에 대한 열정이 뛰어났고, 잠을 줄이면서까지 연습할 만큼 성실했어요. 두꺼운 안경을 써야 할 정도로 시력이 나빴지만, 무대 위에서는 안경을 쓰지 않기 위해 모든 대사와 동작을 외워 공연하곤 했지요.

마리아 이전의 성악가들이 고운 목소리로 부드럽게 노래했다면, 마리아는 저음과 고음을 넘나들며 주인공의 감정을 생생하게 표현했어요. 1942년 마리아는 〈토스카〉의 여주인공 역을 맡아 데뷔하고, 이탈리아에서 〈라 조콘다〉로 흔들림 없는 명성을 얻게 되었어요. 그 후 전 세계의 무대를 다니며 오페라의 여왕 자리에 올랐지요.

성악가

마리아 칼라스

미국(1923~1977년)

그리스계 이탈리아의 소프라노 가수. 풍부한 표현으로 〈투란도트〉, 〈나비부인〉, 〈라 트라비아타〉 등 수많은 공연을 통해 최고의 오페라 가수 자리에 올랐음.

1923	1937	1942	1947	1950
미국 뉴욕에서 태어남.	고국 그리스로 돌아감.	〈토스카〉로 아테네에서 데뷔	〈라 조콘다〉를 통해 명성을 얻음.	오페라 〈아이다〉의 주연을 맡음.

1 마리아 칼라스에 대한 설명으로 <u>틀린</u> 것을 고르세요. (　　　　)

① 어린 시절 수줍음이 많았어요.
② 무대 위에서 안경을 썼어요.
③ 주인공의 감정을 생생하게 표현했어요.
④ 아테네 국립 음악학교에서 성악 공부를 했어요.

2 마리아 칼라스에게 일어난 일의 순서에 맞게 빈칸에 번호를 쓰세요.

〈토스카〉의 여주인공 역으로 데뷔했어요.	어머니를 따라 그리스로 가서 본격적인 음악 공부를 시작했어요.	전 세계의 무대를 다니며 오페라의 여왕 자리에 올랐어요.	이달고 선생님에게 목소리가 '폭포수 같다'는 평가를 받았어요.
(　　　　)	(　　　　)	(　　　　)	(　　　　)

3 마리아 칼라스가 흔들림 없는 명성을 얻게 된 오페라의 제목을 고르세요. (　　　　)

① 〈라 조콘다〉　② 〈토스카〉
③ 〈투란도트〉　④ 〈나비부인〉

4 밑줄 친 말과 뜻이 비슷한 것을 고르세요. (　　　　)

> 극장에는 관객들이 가득 차 있었지만 <u>숨소리 하나 들리지 않았어요.</u>

① 힘겨웠어요.　② 쓸쓸했어요.
③ 싸늘했어요.　④ 조용했어요.

어휘 풀이

- **아리아** 오페라에서 혼자 부르는 노래.
- **평론가** 음악이나 문학 등을 평가하는 일을 직업으로 하는 사람.
- **데뷔하다** 일정한 활동 분야에 처음으로 등장하다.
- **명성** 세상에 널리 퍼져 높은 평가를 얻는 이름.

14 일차

로버트 카파

전쟁을 가까이에서 기록하다

평생을 종군 기자로 활동하며 전쟁을 가장 가까이에서 지켜본 로버트 카파는 유명한 말을 남겼어요.

"당신의 사진이 만족스럽지 않다면 그것은 너무 멀리서 찍었기 때문이다."

카파는 제1차 세계 대전이 일어날 무렵 헝가리 부다페스트에서 가난한 유대인 집안의 아들로 태어났어요. 베를린 독일의 한 대학에 입학한 가난한 유학생 카파는 사진 업체에서 일하며 어깨 너머로 사진을 배워 나갔어요.

카파의 재능을 눈여겨본 사진 업체의 사장은 러시아의 정치가 레온 트로츠키가 연설하는 모습을 찍어 오라고 했고, 이 사진은 잡지에 처음 실리게 되었어요. 또 카파가 스물세 살 때 스페인 내전에서 찍은 사진 〈병사의 죽음〉은 그에게 세계적 명성을 안겨 주었어요. 어느 병사가 머리에 총탄을 맞고 쓰러져 죽는 순간을 가까이서 촬영한 이 사진은 마치 스페인 내전의 상징과도 같았어요.

그 후 카파는 다섯 차례의 큰 전쟁에서 그 참상을 생생하게 기록했어요. 종군 기자는 총탄이 날아다니는 전쟁터에서 목숨을 걸고 취재하는 위험한 일이예요. 제2차 세계 대전 당시 카파가 찍은 〈오마하 해변에 상륙하는 미군 부대〉라는 사진은 보도 사진의 걸작으로 꼽힌답니다.

그는 베트남 독립 전쟁에서 지뢰를 밟아 전쟁터에서 생을 마감했어요. 그의 눈에 마지막으로 들어온 장면은 베트남 마을을 걸어가는 프랑스 군인들의 뒷모습이었답니다.

사진가

로버트 카파

헝가리(1913~1954년)

스페인 내전, 제2차 세계 대전 등 여러 전쟁에서 종군 기자로 활동하며 이름을 알린 헝가리 출신의 전쟁 보도 사진가.

- 1913 헝가리에서 태어남.
- 1932 레온 트로츠키 사진 촬영
- 1936 스페인 내전에 종군 기자로 참여
- 1944 노르망디 상륙 작전 사진 촬영

1 로버트 카파에 대한 설명으로 틀린 것을 고르세요. (　　　　)

① 헝가리의 가난한 유대인 집안에서 태어났어요.
② 처음 잡지에 실린 사진은 <병사의 죽음>이에요.
③ 여러 전쟁에 종군 기자로 참여하여 사진을 찍었어요.
④ 베트남 전쟁에서 지뢰를 밟아 사망했어요.

2 밑줄 친 말과 가장 관련이 없는 것을 고르세요. (　　　　)

> 평생을 종군 기자로 활동하며 전쟁을 가장 가까이에서 지켜본 로버트 카파는 유명한 말을 남겼어요.

① 병사　　② 연설
③ 전쟁　　④ 총탄

3 로버트 카파가 종군 기자로 참여한 전쟁이 아닌 것을 고르세요. (　　　　)

① 베트남 독립 전쟁
② 스페인 내전
③ 제1차 세계 대전
④ 제2차 세계 대전

4 글을 읽으면서 알맞은 말에 ○표 하세요.

> 로버트 카파는 사진을 (가까이서 / 멀리서) 찍어야 한다고 생각했어요. 그는 (러시아 / 스페인) 내전 당시 병사가 쓰러져 죽는 순간을 촬영하여 유명해졌어요.

어휘 풀이

- **종군 기자** 군대를 따라 전쟁터에 나가 전투 상황을 보도하는 기자.
- **유대인** 유대교를 믿는 민족으로, 미국을 비롯한 전 세계에 흩어져 거주하고 있음.
- **내전** 한 나라 안에서 일어나는 싸움.
- **참상** 비참하고 끔찍한 상태나 상황.
- **취재** 작품이나 기사에 필요한 소재나 내용을 조사하여 얻음.

신사임당

그림 속에 자연을 품다

오늘날 신사임당은 율곡 이이를 낳은 어머니로 유명하지만, 그녀가 살았던 시대에는 글씨와 그림에 두루 뛰어난 화가로 명성이 더 높았어요.

사임당은 네 살 때 글공부를, 일곱 살 때 그림 공부를 시작했어요. 그림을 그리기 시작한 건 할아버지가 안견의 〈몽유도원도〉를 선물하면서부터였어요. 그녀는 생동감 넘치는 이 그림을 따라 그리면서 예술에 대한 꿈을 키워 나갔어요. 총명하고 재능 넘치는 손녀를 아꼈던 할아버지는 그림 공부에 전폭적인 지지를 해 주었어요. 그림 선생님은 따로 없었지만 여러 화첩을 보며 그림 연습을 할 수 있었지요.

사임당은 풀벌레, 꽃 같은 자연을 자세하게 묘사하는 데 뛰어났어요. 하루는 그림을 볕에 말리려고 마당에 두었는데, 닭이 살아 있는 곤충인 줄 알고 쪼아 먹으려고 했을 정도였어요. 지금까지 여덟 편이 남아 있는 〈초충도〉는 '풀과 벌레를 그린 그림'을 말해요. 고운 채색으로 작은 풀벌레, 사마귀, 나비와 꽃 하나하나가 잘 드러나는 작품이지요.

병풍에 그린 〈산수도〉는 많은 부분을 생략하고 짙은 먹선과 밝은 부분을 대비시키며 산과 강, 나무를 단순하면서도 짜임새 있게 묘사하였어요. 잔잔한 물결이 겹쳐 보이도록 그물 같은 모양으로 표현한 기법이 아름다운 작품입니다.

"사임당의 산수화는 참으로 안견 다음으로 훌륭하다. 어찌 부인의 그림이라 하여 소홀히 여길 것인가."

조선 중기의 유학자 어숙권은 이렇게 사임당을 칭찬했어요. 신사임당은 여성의 능력이 제대로 인정받지 못했던 사회 속에서도 이름을 널리 떨쳤답니다.

화가

신사임당

조선 시대(1504~1551년)

조선 시대의 뛰어난 예술가이며, 율곡 이이의 어머니. 시, 그림, 글씨에 두루 능했으며 〈초충도〉, 〈산수도〉 등을 그렸음.

- 1504 강원도에서 태어남.
- 1507 글공부를 시작함.
- 1510 〈몽유도원도〉를 따라 그림.
- 1522 남편 이원수와 결혼
- 1536 셋째 아들 이이를 낳음.

1 신사임당에 대한 설명으로 틀린 것을 고르세요. ( )

① 살아 있을 당시에는 뛰어난 화가로 인정받지 못했어요.
② 율곡 이이의 어머니로 유명해요.
③ 할아버지의 전폭적인 지지로 그림 공부를 시작했어요.
④ 조선 시대의 뛰어난 미술가였어요.

2 신사임당의 그림에 대한 설명으로 틀린 것을 고르세요. ( )

① 자연을 자세하게 묘사했어요.
② 주로 산과 강만 그렸어요.
③ 짙은 먹선과 밝은 부분을 대비시킨 〈산수도〉를 그렸어요.
④ 고운 채색으로 자연을 그려 냈어요.

3 신사임당에 대해 바르게 말한 아이의 이름을 쓰세요.

정우 〈몽유도원도〉를 따라 그리며 그림을 배웠어.

수영 할아버지는 여자아이였던 신사임당의 재능을 무시했어.

인호 신사임당은 유명한 화가의 가르침을 받았어.

4 보기 에서 공통적으로 설명하고 있는 신사임당의 그림 제목을 쓰세요.

보기
- 8편이 남아 있어요.
- 풀과 벌레를 그린 그림이에요.
- 자연을 자세하게 묘사한 그림이에요.

어휘 풀이
- **안견** 조선 시대의 화가. 산과 물이 어우러진 산수화를 그리는 실력이 뛰어났음.
- **전폭적** 전체에 걸쳐 남김없이 완전한.
- **화첩** 그림을 모아 엮은 책.
- **먹선** 먹으로 그은 선.
- **소홀하다** 대수롭지 아니하고 흔히 있을 만하다.

3 주차 독해력 완성하기

먼저 11~15일차의 지문을
한 번씩 읽은 다음 문제를 풀어 보세요.

(12일차)

1 찰리 채플린의 영화에 대한 설명으로 알맞은 것을 찾아 줄로 이으세요.

황금광 시대 •		• 떠돌이 찰리가 우연히 발견한 아기를 키우는 이야기
모던 타임즈 •		• 황금에 눈이 먼 사람들을 그린 이야기
키드 •		• 기계가 주인이 된 세상을 비판하는 이야기

(13일차)

2 마리아 칼라스가 '오페라의 여왕'이 될 수 있었던 이유와 거리가 먼 것을 고르세요.

( )

① 그녀의 목소리는 누구와도 비교할 수 없이 독특했어요.
② 음악에 대한 열정과, 잠을 줄이고 연습하는 성실함과 끈기가 있었어요.
③ 어릴 때부터 시력이 나빠 늘 두꺼운 안경을 써야 했어요.
④ 저음과 고음을 넘나들며 주인공의 감정을 생생하게 표현하였어요.

(11일차)(12일차)(13일차)(14일차)

3 다음 인물에 대해 잘못 말한 아이를 찾아 이름에 ○표 하세요.

지수 로버트 카파는 유학생 시절 사진 업체에서 일하며 사진을 배워 나갔어.

상민 허난설헌은 바느질하는 즐거움을 노래한 시를 썼어.

이현 마리아 칼라스는 무대 위에서 모든 대사와 동작을 외워서 공연하곤 했어.

송아 찰리 채플린은 돈을 벌기 위해 신문팔이, 이발사 조수 같은 일을 했어.

(14일차)

4 다음은 사진작가 로버트 카파의 말이에요. 그 의미로 알맞은 것을 고르세요. (　　　　)

"당신의 사진이 만족스럽지 않다면 그것은 너무 멀리서 찍었기 때문이다."

① 사진은 멀리서 찍는 편이 더 잘 나온다.
② 원하는 사진을 찍으려면 가까이서 찍어야 한다.
③ 사진이 늘 만족스럽기는 어렵다.
④ 당신의 사진보다 내 사진이 더 뛰어나다.

(15일차)

5 다음 보기 에서 공통적으로 설명하고 있는 신사임당의 작품을 고르세요. (　　　　)

보기

- 많은 부분을 생략하고 산과 강, 나무를 단순하면서도 짜임새 있게 묘사하였어요.
- 잔잔한 물결이 겹쳐 보이도록 그물 같은 모양으로 표현했어요.

① 〈초충도〉　② 〈산수도〉
③ 〈몽유도원도〉　④ 〈노안도〉

매체 활용

(12일차)

6 다음 찰리 채플린 영화 포스터를 보고 잘못 이해한 것을 고르세요. (　　　　)

① 영화의 제목은 〈키드〉다.
② 영화는 2월~4월에 상영된다.
③ 영화 〈키드〉가 만들어진 지 100주년 되는 것을 기념한 상영이다.
④ 상영 시간은 매주 토요일 오후로 정해져 있다.

3주

인물 갤러리

《홍길동전》으로 양반과 평민이 함께 사는 세상을 꿈꾼 허균

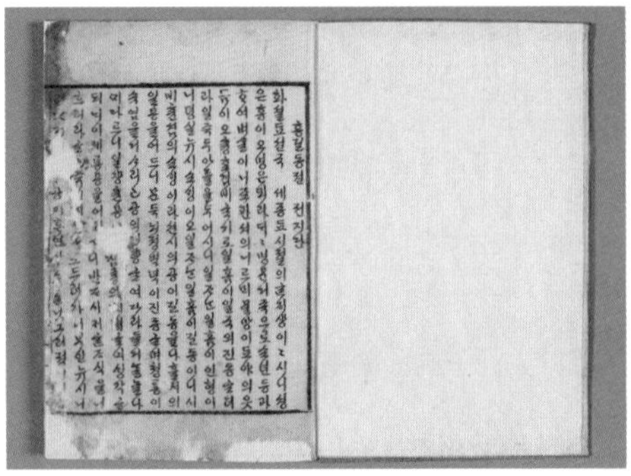

▲ 허균의 《홍길동전》

우리나라 최초의 한글 소설이 뭔지 알아? 바로 허균이 지은 《홍길동전》이야. 허균은 훌륭한 학자이자, 허난설헌의 동생으로도 알려져 있어.

소설의 주인공 홍길동은 양반 집안에서 태어난 영특한 아이였지만 서자 신분이어서 출세할 길이 막혀 있었어. 여덟 살이 되던 해에 길동은 그런 자신의 처지를 깨닫게 되고, 커서는 우연히 산적 무리와 만나 그들의 두목이 돼. 부하들을 이끌고 나쁜 양반들을 혼내고 가난한 백성들을 돕는 의적으로 활약하지.

《홍길동전》에는 양반과 평민을 차별하지 말자는 허균의 깊은 생각이 담겨 있어. 그는 시대를 뛰어넘어 모두가 함께 사는 세상을 꿈꾸었어.

오페라의 여주인공 프리마 돈나와 성악가 조수미

▲ 오페라 〈나비부인〉 공연 포스터

오페라나 뮤지컬 공연에서 여주인공이 열창을 하는 모습을 본 적 있을 거야. 오페라도 뮤지컬처럼 노래, 춤, 연기가 어우러진 음악극인데 클래식 음악을 바탕으로 해. 오페라에서 여주인공을 맡은 소프라노 가수를 '프리마 돈나(Prima donna)'라고 부르는데, 이탈리아어로 '제1의 여인'이라는 뜻이야.

한국에서 가장 유명한 프리마 돈나는 '신이 내린 목소리'라 불리는 조수미야. 그녀는 이탈리아인이 아닌 인물로는 최초로 국제 푸치니상을 받았고, 전 세계에 한국의 이름을 널리 알렸지. 조수미가 모차르트의 오페라 〈마술피리〉에서 밤의 여왕 역할을 맡아 부르는 독창곡은 최고의 가창력을 인정받고 있어.

삶의 비극에 웃음을 담은 찰리 채플린

▲ 영화 〈모던 타임즈〉의 한 장면

"삶은 가까이서 보면 비극이고, 멀리서 보면 희극이다."

바로 찰리 채플린이 했던 유명한 말이야. 그의 영화는 가난하고 힘들게 살아가는 공장 노동자와 빈민의 이야기를 다루었어. 하지만 이를 어둡게만 그리는 게 아니라, 관객들이 한 발짝 떨어져서 볼 수 있도록 웃음 넘치는 코미디로 만들었지.

채플린은 1914년 영화 〈생활비 벌기〉에서 사람들을 웃기고 울리는 떠돌이 캐릭터를 만들어 냈어. 아이디어가 넘쳤던 그는 동료들에게서 빌린 옷이나 소품, 도구를 가지고 이상한 복장을 완성했어. 큰 모자를 쓴 찰리 캐릭터는 곧 시대를 대표하게 되었지. 스스로를 바보처럼 보이게 만들어 웃김으로써 인생의 비극에 웃음을 담아냈어.

어머니의 죽음을 슬퍼하여 스님이 되었던 율곡 이이

▲ 율곡 이이 초상화

신사임당은 서른셋에 강릉 오죽헌에서 현룡을 낳았어. 현룡은 율곡 이이의 어린 시절 이름이지. 어머니를 닮아 총명했던 이이는 서너 살 때부터 글을 익혀서 신동으로 불렸어. 열세 살에 과거 시험에 응시할 자격을 주는 진사 시험에 합격했고, 보통 사람들은 한 번 붙기도 어려운 과거 시험에서 아홉 번이나 수석을 하기도 했지.

이이가 열여섯 살 되던 해에 어머니 신사임당이 세상을 떠났어. 어머니의 죽음을 슬퍼한 이이는 무덤 옆에 초막집을 짓고 3년 상을 치른 후, 금강산에 들어가 1년간 승려 생활을 했어. 그 후로 다시 세상에 나와 학문을 연구하여 이황과 함께 조선을 대표하는 학자가 되었어.

16
일차

레오나르도 다 빈치

세상에서 가장 신비한 미소를 그리다

1503년 어느 날 레오나르도 다 빈치에게 조콘다라는 상인이 부인과 함께 찾아왔어요. 부인의 이름은 리자였고요. 부인은 화려한 옷차림도 아니고 꾸미지도 않았지만 매력적인 미소를 짓고 있었지요.

"선생님, 제 아내의 초상화를 한 점 그려 주십시오."

다 빈치는 리자 부인의 초상화를 그리기 시작했어요. 완성된 그림을 본 사람들은 감탄을 멈추지 못했어요. 그림 속 모나리자는 웃을 듯 말 듯 신비하고 아름다웠기 때문이에요. '모나'는 이탈리아어로 '부인'이라는 뜻이에요.

레오나르도 다 빈치는 1452년 이탈리아 피렌체 부근에서 태어난 르네상스 시대의 화가이자 기술자, 과학자, 건축가, 음악가, 요리사였어요. 다 빈치에게 이렇게 많은 직업이 있는 이유는 세상 모든 일에 호기심을 가지고 관찰하고 연구하였기 때문이에요.

그는 어려서부터 그림 그리는 재주가 뛰어나 열일곱 살 때 화가 베로키오의 공방에 들어가 그림과 공예를 배웠어요. 스승이 그리던 〈그리스도의 세례〉라는 그림 한쪽에 작은 천사를 그렸는데, 그 천사 그림이 사람들의 눈길을 빼앗아 이름이 알려지기 시작했지요. 이 시대의 예술가들은 후원자를 찾아 옮겨 다니며 생활했어요. 다 빈치도 후원자가 있는 밀라노로 가서 전쟁이 나기 전까지 〈흰 담비를 안고 있는 여인〉 등 몇 점의 초상화를 그리고, 수도원의 벽화를 부탁받아 〈최후의 만찬〉을 그렸어요.

레오나르도 다 빈치가 그린 그림은 모두 열 점 정도에 불과하지만 미술사에 큰 업적을 남겼어요.

화가, 과학자

레오나르도 다 빈치

이탈리아(1452~1519년)

르네상스 시대를 대표하는 천재적인 화가이자 과학자. 조각, 건축, 수학, 과학, 음악, 철학에 이르기까지 다양한 방면에서 활약하였음.

1452	1460년대 말	1482	1495~1497	1503~1506
이탈리아 빈치에서 태어남.	베로키오의 공방에 들어감.	밀라노로 감.	〈최후의 만찬〉을 그림.	〈모나리자〉를 그림.

1 레오나르도 다 빈치에 대한 설명으로 틀린 것을 고르세요. ( )

① 레오나르도 다 빈치는 르네상스 시대의 화가예요.
② 레오나르도 다 빈치는 여러 가지 직업을 갖고 있었어요.
③ 레오나르도 다 빈치는 평생 서른 점이 넘는 그림을 그렸어요.
④ 레오나르도 다 빈치는 세상 모든 일에 호기심이 많았어요.

2 레오나르도 다 빈치가 그린 미술 작품을 모두 찾아 ○표 하세요.

모나리자	최후의 만찬	비너스의 탄생	흰 담비를 안고 있는 여인

3 글을 읽고, 빈칸에 알맞은 말을 쓰세요.

레오나르도 다 빈치가 살았던 르네상스 시대에는 예술가들이 [ ][ ][ ]를 찾아 옮겨 다니며 생활했어요. 다 빈치도 밀라노로 가서 그림을 그렸어요.

4 이 글에서 주로 다룬 레오나르도 다 빈치의 직업으로 맞는 것을 고르세요. ( )

① 과학자로서의 레오나르도 다 빈치
② 화가로서의 레오나르도 다 빈치
③ 건축가로서의 레오나르도 다 빈치
④ 음악가로서의 레오나르도 다 빈치

어휘 풀이

- **르네상스** 14~16세기에 이탈리아를 중심으로 유럽 여러 나라에서 일어난 문화 운동.
- **공방** 공예품 등을 만드는 곳.
- **후원자** 뒤에서 도와주는 사람.
- **수도원** 성직자들이 세상으로부터 떨어져 공동생활을 하면서 수행하는 곳.
- **업적** 어떤 사업이나 연구 따위에서 노력과 수고를 들여 이루어 낸 일의 결과.

17 일차

이사도라 덩컨

창작 무용의 새로운 문을 열다

'바닷물의 느낌을 몸짓으로 표현하고 싶어!'

샌프란시스코 바닷가에서 한 어린 여자아이가 눈을 감은 채 온몸을 움직이고 있었어요. 아이의 몸짓은 물결 같기도 하고 거품 같기도 했어요. 이 아이는 '현대 무용의 어머니'로 불리는 이사도라 덩컨이에요.

이사도라 덩컨은 1877년 미국 샌프란시스코에서 태어났어요. 예술을 사랑했던 어머니는 그녀에게 음악과 시를 알려 주고 예술적 재능을 물려주었어요. 이사도라는 어릴 적부터 어머니의 피아노 연주를 들으며 마음속에 떠오르는 느낌대로 춤추기를 좋아했어요. 또 동네 아이들을 모아 놓고 바람에 흔들리는 나뭇가지를 흉내 내며 놀았어요.

이사도라가 처음 시카고에서 무대에 섰을 때 관객들은 얼굴을 찌푸렸어요. 발레복도 입지 않고 토슈즈도 신지 않은 채, 맨발로 그리스 신화 속 신들의 옷인 튜닉을 걸치고 나와 춤을 추었기 때문이에요. 음악 역시 그동안 늘 들어 왔던 발레 음악이 아닌 새로운 것이었어요. 이사도라에게 무용은 정해진 동작을 따라하는 것이 아니라 마음속의 사상과 감정을 자유롭게 몸짓으로 표현하는 것이었어요.

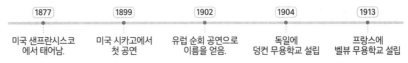

그녀는 자신의 춤을 알아줄 사람들을 찾아 가축을 태우는 배를 얻어 타고 유럽으로 갔어요. 이사도라의 춤이 알려진 것은 1900년 파리 공연에서였어요. 유럽 사람들은 그녀의 새로운 춤에 감탄했어요. 런던과 베를린, 모스크바, 헝가리, 그리스 등을 다니며 성공적인 공연을 계속하는 동안, 이사도라는 자신의 꿈이었던 무용 학교를 여럿 세우고 아이들을 가르쳤어요.

무용가

이사도라 덩컨

미국(1877~1927년)

창작 무용을 창조적 예술의 수준으로 끌어올린 미국 무용가. 독일에서 활동했으며 현대 무용의 어머니로 불리기도 함.

1877	1899	1902	1904	1913
미국 샌프란시스코에서 태어남.	미국 시카고에서 첫 공연	유럽 순회 공연으로 이름을 얻음.	독일에 덩컨 무용학교 설립	프랑스에 벨뷰 무용학교 설립

1 이사도라 덩컨에 대한 설명으로 틀린 것을 고르세요. ( )

① 이사도라 덩컨의 춤은 처음부터 관객의 호응을 얻었어요.
② 이사도라 덩컨은 어린 시절 나뭇가지를 흉내 내는 춤을 추었어요.
③ 이사도라 덩컨의 어머니는 예술을 사랑했어요.
④ 이사도라 덩컨은 어릴 때부터 마음속에 떠오르는 느낌대로 춤추기를 좋아했어요.

2 글을 읽고, 빈칸에 알맞은 말을 쓰세요.

이사도라 덩컨은 무용이란 춤추는 사람 마음속의 ☐☐ 과 ☐☐ 을 자유롭게 표현하는 것이라고 생각했어요.

3 이사도라 덩컨 춤의 특징이 아닌 것을 고르세요. ( )

① 맨발
② 헐렁한 튜닉
③ 정해진 순서에 따라 하는 몸짓
④ 자유로운 감정 표현

4 이사도라 덩컨에게 일어난 일의 순서에 맞게 빈칸에 번호를 쓰세요.

이사도라는 시카고에서 처음 무대에 섰어요.	이사도라는 자신의 꿈을 위해 유럽으로 건너갔어요.	이사도라는 동네 아이들을 모아 놓고 나뭇가지 흉내를 냈어요.	이사도라는 여러 무용 학교를 세우고 아이들을 가르쳤어요.
( )	( )	( )	( )

어휘 풀이

- **토슈즈** 발레에서 여성 무용수가 신는 신발.
- **튜닉** 허리 밑까지 내려와 띠를 두르게 된, 여성용의 블라우스 또는 코트.
- **사상** 어떠한 사물에 대한 구체적인 생각.

18 일차

김홍도

평민의 모습을 그림에 담다

큰 씨름판이 벌어졌어요. 선수들이 샅바를 잡고 막 넘기려는 순간이에요. 둘 중 누가 이길까요? 양반도 평민도 모두 함께 어우러져 신나게 구경하고 있어요.

조선 시대의 화가 김홍도의 〈씨름〉 속 장면이에요. 그 와중에 엿 파는 아이가 씨름 경기에는 눈길도 주지 않고 딴청 피우는 모습이 웃음을 자아내요.

중인 집안에서 태어난 김홍도는 스무 살 이전부터 궁중화가로 활동했을 정도로 그림 실력이 뛰어나 영조 임금의 축하 잔치에 사용될 병풍 그림을 맡기도 했답니다. 또 나중에 정조가 될 왕세자의 초상화도 그렸는데, 이를 계기로 정조에게도 크게 인정받았어요.

김홍도가 살았던 당시의 화가들은 대부분 풍경화나 양반의 모습을 그림에 담았어요. 김홍도도 원래는 정통 산수화, 인물화 등을 그렸어요. 하지만 서른 살이 넘으면서 평민들의 살아가는 모습을 담은 풍속화를 그리는 데 몰두하기 시작했어요. 대장장이나 마부, 머슴 등 평민들의 일상생활을 생동감 있게 포착하였지요.

"단원은 공부하는 선비, 시장에 가는 장사꾼, 나그네와 농부 등 우리나라 풍속과 인물을 그리는 데 뛰어난 솜씨가 있다."

스승 강세황은 이렇게 평했어요. 서당에서 공부하는 모습을 해학적으로 표현한 〈서당〉, 시장판을 다니며 춤추는 아이의 모습을 담은 〈무동〉, 그리고 〈활쏘기〉, 〈대장간〉 등이 여기에 속해요. 깊이 있는 관찰과 따뜻한 시선으로 그 시대 사람들을 생생하게 그려 낸 김홍도의 풍속화는 사람들에게 큰 사랑을 받았어요.

화가

김홍도

조선 시대(1745~1806년)

정조 때 당대 최고의 화가로 자리 잡은 조선 시대의 화가. 산수, 인물, 풍속 등 다양한 그림을 잘 그렸지만, 특히 풍속화에서 뛰어난 작품을 남겼음.

- 1745: 안산에서 태어남.
- 1773: 영조 및 왕세손의 초상화를 그림.
- 1781: 정조의 초상화를 그림.
- 1795: 정조가 사도세자의 능으로 행차하는 〈원행을묘정리의궤〉를 그림.

1 김홍도에 대한 설명으로 틀린 것을 고르세요. ( )

① 김홍도는 조선 시대의 뛰어난 화가예요.
② 김홍도는 산수화나 인물화는 그리지 않았어요.
③ 김홍도는 영조의 잔치에 사용될 병풍 그림을 맡기도 했어요.
④ 김홍도는 풍속화를 그리는 데 몰두했어요.

2 김홍도가 그린 그림에 모두 ○표 하세요.

〈몽유도원도〉 〈무동〉 〈대장간〉 〈서당〉
〈활쏘기〉 〈씨름〉 〈미인도〉

3 김홍도가 그린 풍속화의 특징이 아닌 것을 고르세요. ( )

① 화려한 색을 많이 사용했어요.
② 평민의 모습을 생동감 있게 포착했어요.
③ 사람들의 생활을 해학적으로 표현했어요.
④ 사람들을 깊이 있게 관찰하고 따뜻한 시선으로 그려 냈어요.

4 글을 읽고, 빈칸에 알맞은 말을 쓰세요.

김홍도가 살았던 당시의 화가들은 대부분 풍경화나 양반의 모습을 주로 그렸어요. 하지만 김홍도는 평민들의 일상생활을 생동감 있게 표현한 □□□로 사람들에게 큰 사랑을 받았어요.

어휘 풀이

- **샅바** 씨름에서, 허리와 다리에 둘러 묶어서 손잡이로 쓰는 천.
- **중인** 조선 시대에, 양반과 평민의 중간에 있던 신분 계급.
- **포착하다** 어떤 일이 되어 가는 형편을 알아차리다.
- **단원** 김홍도의 호.
- **해학적** 익살스럽고도 말이나 행동이 품위가 있는.

19
일차

한스 안데르센

미운 오리 새끼에서 백조가 되다

어느 해 여름, 어느 귀족의 집에 초대받은 안데르센은 정원을 거닐다가 연못에서 헤엄치고 있는 아름다운 백조를 보았어요. 그 옆에는 못생긴 아기 백조도 있었어요. 상반된 그 모습에서 안데르센은 자신의 가난하고 볼품없던 어린 시절을 떠올렸어요.

"괴롭힘을 당하거나 따돌림당하는 아이들에게 용기를 줄 수 있는 이야기를 쓰고 싶어. 새끼 오리들의 무리에 섞여 버린 아기 백조를 주인공으로 하면 어떨까?"

안데르센은 못생긴 아기 백조가 새끼 오리 무리에 섞여서 따돌림당하다가 다 자란 뒤에는 우아한 백조가 되어 환영받는 이야기 《미운 오리 새끼》를 탄생시켰어요.

안데르센의 원래 직업은 배우였어요. 하지만 재능이 없음을 깨닫고 대학에서 문학을 공부했지요. 그는 서른 살에 이탈리아 여행을 바탕으로 쓴 소설 《즉흥 시인》을 발표했어요. 같은 해인 1835년에는 《아이들을 위한 동화》라는 첫 동화집도 펴냈어요. 그러다가 1843년에 쓴 《미운 오리 새끼》로 큰 인기를 얻게 되었지요. 매년 크리스마스마다 덴마크의 모든 가정이 《안데르센 동화집》을 기다릴 정도였어요.

안데르센은 평생 동안 130편 이상에 달하는 동화를 창작하였어요. 눈의 여왕이 데려간 친구를 되찾기 위한 모험을 그린 《눈의 여왕》, 어떤 옷을 입어도 만족하지 못하는 왕을 위해 투명 옷을 만들어 바치는 재단사가 나오는 《벌거숭이 임금님》, 추운 거리에서 가엾은 소녀가 성냥불을 켤 때마다 환상을 보는 《성냥팔이 소녀》 등 기발한 상상력이 돋보이는 작품들로 큰 사랑을 받았답니다.

작가

한스 안데르센

덴마크(1805~1875년)

덴마크의 동화 작가로 '동화의 아버지'로 불림. 《즉흥 시인》으로 독일에서 좋은 평가를 받아 유럽 전체에 이름을 알렸고, 수많은 걸작 동화를 남겼음.

1805	1828	1835	1843	1846
덴마크에서 태어남.	코펜하겐 대학교에 입학함.	《즉흥 시인》 발표	《미운 오리 새끼》 발표	단네브로 훈장을 받음.

1 안데르센 동화의 특징이 아닌 것을 모두 고르세요. (,)

① 흔히 볼 수 있는 이야기
② 아이들에게 용기를 주는 이야기
③ 기발한 상상력이 돋보이는 이야기
④ 널리 알려진 이야기

2 안데르센에 대해 바르게 말한 아이를 찾아 이름에 ○표 하세요.

지수 안데르센은 소설을 쓴 적이 없어.

준우 안데르센의 원래 직업은 감독이었어.

민서 안데르센은 아이들에게 용기를 주는 이야기를 쓰고 싶어 했어.

3 안데르센 동화의 내용으로 알맞은 것을 찾아 줄로 이으세요.

눈의 여왕 •	• 어떤 옷도 만족하지 못하는 왕을 위해 투명 옷을 바치는 재단사 이야기
벌거숭이 임금님 •	• 눈의 여왕이 데려간 친구를 되찾기 위한 모험을 그린 이야기

4 다음 글에서 설명하고 있는 안데르센 동화의 제목을 쓰세요.

못생긴 아기 백조가 새끼 오리 무리에 섞여서 따돌림당하다가 다 자란 뒤에 우아한 백조가 되어 환영받는 이야기예요.

어휘 풀이

- **상반되다** 서로 반대되거나 어긋나게 되다.
- **볼품없다** 겉으로 드러나 보이는 모습이 초라하다.
- **즉흥** 그 자리에서 바로 일어나는 감동. 또는 그런 기분.
- **재단사** 옷을 만드는 것을 전문으로 하는 사람.
- **기발하다** 여느 것과는 아주 다르게 재치가 뛰어나다.

20
일차

월트 디즈니

끝없는 도전으로 최초가 되다

세계에서 가장 유명한 캐릭터는 아마 '미키 마우스'일 거예요. 둥글고 큰 귀를 가진, 쥐를 의인화한 미키 마우스는 1928년 영화 〈증기선 윌리〉에서 세상에 처음 선보였어요.

이 영화를 제작한 월트 디즈니는 무성 영화밖에 없었던 시대에 미키 마우스의 목소리를 더빙하고 효과음과 배경 음악을 넣는 시도를 했어요. 관객들의 반응은 폭발적이었고 신문에도 기사가 실릴 정도였어요.

월트 디즈니의 도전은 멈추지 않았어요. 1937년 당시에는 한 시간 넘는 장편 애니메이션을 극장에 앉아 감상하는 것을 아무도 상상하지 못했어요. 디즈니는 이러한 편견을 깨고 〈백설 공주와 일곱 난쟁이〉를 제작했어요. 캐릭터의 움직임은 부드러웠고 마치 살아 있는 것처럼 움직여서 사람들에게 놀라움을 안겨 주었어요. 이 영화를 만들기 위해 디즈니는 연극배우와 무용수가 움직이는 장면을 촬영하고 분석하였어요.

월트 디즈니는 스토리의 중요성을 알고 형과 함께 세운 디즈니 스튜디오 내에 스토리만 집중 개발하는 부서를 만들었어요. 또, 영화의 모든 장면을 네모 칸에 나누어 그림으로 그리고 대사를 넣어, 영화를 만드는 과정을 효과적으로 개선했어요.

월트 디즈니는 '최초'로 시도한 작업이 많아요. 최초의 소리가 나는 애니메이션 〈증기선 윌리〉, 최초로 색을 입힌 애니메이션 〈꽃과 나무〉, 그리고 극장에 처음 걸린 장편 애니메이션 〈백설 공주와 일곱 난쟁이〉까지. 이 모든 것은 풍부한 상상력을 바탕으로 새로운 시도를 두려워하지 않았던 그의 도전 정신이 있었기에 가능했어요.

영화감독

월트 디즈니

미국(1901~1966년)

월트 디즈니사를 세운 기업가이자 애니메이션 연출가, 제작자. 미키 마우스 캐릭터를 탄생시켰으며, 애니메이션이라는 새로운 장르를 개척함.

1901	1923	1928	1932	1937
미국에서 태어남.	디즈니 스튜디오 세움.	〈증기선 윌리〉 제작	〈꽃과 나무〉 제작	〈백설 공주와 일곱 난쟁이〉 개봉

1 월트 디즈니에 대한 설명으로 틀린 것을 고르세요. ( )

① 월트 디즈니는 미키 마우스 캐릭터를 만들어 냈어요.
② 월트 디즈니는 첫 무성 영화를 만들었어요.
③ 월트 디즈니는 끊임없이 도전하는 사람이었어요.
④ 월트 디즈니는 영화에서 최초로 시도한 작업이 많았어요.

2 미키 마우스가 처음 등장한 영화의 제목을 쓰세요.

3 월트 디즈니가 영화를 만들면서 새롭게 시도한 것이 아닌 것을 고르세요. ( )

① 무용수의 움직임을 촬영해 캐릭터의 사실적인 움직임을 나타냈어요.
② 영화에 목소리를 더빙하고 효과음과 배경 음악을 넣었어요.
③ 캐릭터의 디자인과 움직임은 중시했지만, 스토리의 중요성은 무시했어요.
④ 영화 장면을 칸으로 나누어 그림과 대사를 넣었어요.

4 월트 디즈니와 관련 없는 단어를 찾아 ○표 하세요.

도전 정신 새로운 시도 풍부한 상상력 겁이 많음

어휘 풀이

- **의인화하다** 사람이 아닌 것을 사람에 빗대어 표현하다.
- **무성 영화** 인물의 대사, 음향 효과 따위의 소리가 없이 영상만으로 된 영화.
- **더빙** 성우 목소리, 음악, 효과음 따위를 더하여 다시 녹음하는 일.
- **시도** 어떤 것을 이루어 보려고 계획하거나 행동함.
- **개선하다** 잘못된 것이나 부족한 것, 나쁜 것 따위를 고쳐 더 좋게 만들다.

4 주차

독해력 완성하기

먼저 16~20일차의 지문을
한 번씩 읽은 다음 문제를 풀어 보세요.

(16일차)(17일차)(19일차)

1 다음 인물과 관련 있는 것을 **보기** 에서 모두 찾아 기호를 쓰세요.

보기

㉠ 현대 무용	㉡ 〈모나리자〉	㉢ 《즉흥 시인》
㉣ 《눈의 여왕》	㉤ 르네상스 시대	㉥ 무용 학교

(1) 이사도라 덩컨 (　　　　　　)

(2) 안데르센 (　　　　　　)

(3) 레오나르도 다 빈치 (　　　　　　)

(19일차)

2 다음 글에서 밑줄 친 말의 관계처럼 '서로 반대되는'이라는 뜻을 지닌 낱말을 찾아 쓰세요.

> 안데르센은 정원을 거닐다가 연못에서 헤엄치고 있는 <u>아름다운 백조</u>를 보았어요. 그 옆에는 <u>못생긴 아기 백조</u>도 있었어요. 상반된 그 모습에서 안데르센은 자신의 가난하고 볼품없던 어린 시절을 떠올렸어요.

✎ ______________________

(20일차)

3 다음은 월트 디즈니 영화의 특징을 정리한 표예요. 빈칸에 알맞은 말을 쓰세요.

작품명	특징
〈꽃과 나무〉	세계 최초로 [　] 을 입힌 애니메이션
〈증기선 윌리〉	세계 최초의 [　][　] 가 나는 애니메이션

18일차

4 다음 글에서 설명하고 있는 김홍도의 그림을 고르세요. (　　　　)

> 김홍도는 평민들의 일상생활을 생동감 있게 포착한 풍속화를 많이 그렸어요. 시장판을 다니며 춤추는 아이의 모습을 담은 그림 □□도 여기에 속해요.

① 〈장터〉　② 〈씨름〉
③ 〈서당〉　④ 〈무동〉

16일차

5 다음 밑줄 친 낱말과 뜻이 비슷한 것을 고르세요. (　　　　)

> 스승이 그리던 〈그리스도의 세례〉라는 그림 한쪽에 작은 천사를 그렸는데, 그 천사 그림이 사람들의 <u>눈길</u>을 빼앗아 이름이 알려지기 시작했지요.

① 눈초리　② 관찰
③ 눈살　④ 시선

매체 활용

19일차

6 다음은 안데르센의 동화 《성냥팔이 소녀》 중 한 부분이에요. 밑줄 친 문장과 관련 있는 내용을 고르세요. (　　　　)

추운 거리에서 몸을 떨던 소녀는 성냥개비를 꺼내 벽에 그었어요. 그러자 환한 불꽃이 타오르면서 벽을 비추었어요. 그러더니 신기한 장면이 눈앞에 나타났어요. <u>하얀 식탁보가 깔린 식탁 위에는 맛있는 음식과 김이 모락모락 나는 거위구이가 차려져 있었어요.</u> 바로 그때 성냥불이 꺼지고 말았어요. 이제 보이는 것은 두껍고 차가운 벽뿐이었어요.

① 성냥팔이 소녀의 어린 시절 추억이에요.　② 성냥팔이 소녀가 본 환상이에요.
③ 성냥팔이 소녀가 직접 겪은 일이에요.　④ 성냥팔이 소녀가 초대받은 상황이에요.

4주

인물 갤러리

다 빈치의 노트에 349억 원을 투자한 빌 게이츠

왜 마이크로소프트 창립자 빌 게이츠는 단 72쪽 분량의 레오나르도 다 빈치의 노트를 구입하는 데 3080만 달러(약 349억 원)나 썼을까? 그는 다 빈치의 상상력과 아이디어에 경의를 표하며 '역사상 가장 매혹적인 사람'이라고 평했어.

'사람의 몸속은 어떻게 생겼을까? 새처럼 하늘을 날 수 있을까? 공기의 움직임 때문에 색깔이 달라지는 것은 어째서일까?'

어린 시절부터 다 빈치의 호기심은 끝이 없었어. 그는 이렇다 할 교육을 받는 대신 혼자 자연을 관찰하고 공상하는 것을 즐겨하며 자랐어. 다 빈치가 살던 시대의 피렌체는 예술과 기술, 과학 발전의 중심지여서 다양한 연구와 시도에 특히 적합했어.

다 빈치는 '이 세상의 모든 것'에 대해 알고 싶어서 끊임없이 탐구한 공상가이자 과학자였어. 1505년에 기록한 그의 노트는 새의 날개 형태, 물체가 압력에 의해 뜨는 힘인 부력에 대한 조사와 비행기를 스케치한 그림으로 가득해. 다 빈치는 박쥐의 날개에서 영감을 얻어 나무로 뼈대를 만들고 천으로 팽팽하게 씌운 설계도를 그렸어. 하지만 그가 만든 실험용 비행기는 금방 추락해 버렸다고 해.

호기심 넘치는 메모광이었던 그는 평소 관찰하고 생각한 것들을 1만 장이 넘는 노트에 기록했지. 거기에는 세계 최초의 헬리콥터와 자동차, 낙하산과 잠수복, 탱크 등 셀 수 없는 발명 아이디어들이 담겨 있어. 레오나르도 다 빈치가 평생 동안 얼마나 많은 기계를 설계했는지 정확한 수를 세기 어려울 정도야. 하지만 시대를 너무 앞선 것들이 대부분이었다고 해.

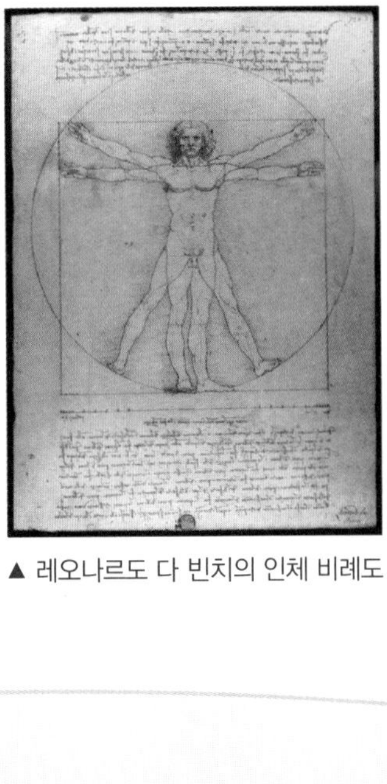

▲ 레오나르도 다 빈치의 인체 비례도

안데르센의 동상에서 어린이의 모습을 찾기 힘든 이유

▲ 코펜하겐에 있는 안데르센의 동상

덴마크 코펜하겐에는 그곳을 대표하는 동화작가 안데르센을 기념하는 동상들이 많이 있어. 여행객들도 많이 찾는 명소지. 그런데 동화작가인 안데르센의 동상들에 어린이가 같이 있는 모습을 유난히 찾아보기 힘든 이유가 뭘까?

그 이유는 바로 안데르센이 아이들과 함께 있는 모습의 동상을 세우는 걸 반대했기 때문이야. 그는 자신이 아동 동화작가로만 기억되는 것을 거부했어.

"내가 쓴 이야기들은 어린이를 위한 것일 뿐만 아니라 어른을 위한 것이기도 하다."

안데르센이 바랐던 대로 그의 작품은 전 연령대의 독자들에게 사랑받았어. 뛰어난 상상력으로 문학으로서의 가치도 높게 평가되고 있지.

꿈의 장소 디즈니랜드는 어떻게 세워졌을까?

"이 행복한 장소에 오신 여러분, 환영합니다. 디즈니랜드는 바로 여러분의 나라입니다!"

디즈니랜드에서 매일 아침마다 나오는 환영 인사야. 전 세계 어린이들이 가장 가고 싶어 하는 놀이공원, 디즈니랜드는 어떻게 만들어졌을까? 월트 디즈니는 어느 날 놀이공원에 갔다가 딸들이 회전목마를 타는 모습을 보고, 어른과 아이들이 모두 함께 즐길 수 있는 공간을 처음 계획했어.

▲ 미국 캘리포니아에 있는 디즈니랜드

디즈니 스튜디오에 방문하여 캐릭터들을 직접 만나고 싶다는 어린이들의 소망을 담은 편지는 그 후로도 꾸준히 이어졌어. 드디어 1955년 월트 디즈니에 의해 디즈니랜드가 세워졌지. '모험의 나라', '개척의 나라', '동화의 나라' 등 7개 주제로 운영되고 있는데, 어린이들에게 꿈과 모험으로 가득한 장소야.

21 일차

스티븐 스필버그

위대한 상상이 현실이 되다

빠-밤, 빠-밤! 곧 무슨 일이 일어날 것만 같은 음악이 흐르고 있어요. 극장 안 사람들은 숨소리조차 내지 못해요. 사람들이 한가로운 휴가를 즐기던 그 순간, 바다 위로 상어의 크게 벌린 입이 불쑥 솟아오르고 영화관은 관객들의 비명으로 가득해요.

1975년, 식인 상어가 나오는 영화 〈죠스〉는 개봉하자마자 세계적인 주목을 받았어요. 이 영화를 만든 스티븐 스필버그는 미국의 한 유대인 가정에서 태어났어요. 몸이 약해서 늘 외로웠고, 자기가 외계에서 온 존재처럼 느껴졌던 어린 스티븐은 만화책과 텔레비전을 보며 상상력을 키웠어요. 스티븐이 대학에 다니던 시절에는 근처에 유니버설 스튜디오가 있었는데 무려 2년 동안 매일 그곳에 가 영화 만드는 일을 구경하고 심부름을 했어요. 틈틈이 영화 대본도 썼지요.

이러한 노력이 빛을 발해 마침내 유니버설 스튜디오에서 텔레비전용 영화를 만들어 보라는 제안을 받았어요. 그 후 세계적으로 이름을 알린 첫 극장용 영화 〈죠스〉, 소년과 외계인의 우정을 그린 〈E.T.〉, 고대 문명 속으로 모험을 떠나는 〈인디애나 존스〉를 제작했어요. 멸종한 공룡들이 살아나 인간을 위협하는 〈쥐라기 공원〉은 크게 흥행했지요.

감독으로 성공한 스티븐은 오랫동안 마음속에 품고 있던 역사 문제를 다룬 〈쉰들러 리스트〉라는 영화를 만들었어요. 그동안의 영화들과 다르게 깊은 철학을 담았다는 평가를 받았고 아카데미상 수상식에서도 여러 상을 휩쓸었어요. 스티븐 스필버그는 지금까지도 영향력 있는 감독으로 활약하고 있답니다.

영화감독

스티븐 스필버그

미국(1946~)

미국의 영화감독이자 제작자. 1975년에 〈죠스〉로 세계적인 성공을 거두면서 할리우드를 대표하는 감독으로 떠올랐으며, 40년간 다수의 흥행 영화를 연출, 제작함.

1946	1968	1975	1982	1994
미국에서 태어남.	텔레비전 영화를 제작	〈죠스〉가 흥행에 성공함.	〈E.T.〉가 흥행에 성공함.	〈쉰들러 리스트〉로 아카데미상 수상

1 스티븐 스필버그에 대한 설명으로 틀린 것을 고르세요. (   )

① 스티븐 스필버그는 유대인 가정에서 태어났어요.
② 스티븐 스필버그는 〈죠스〉로 이름을 알렸어요.
③ 스티븐 스필버그는 대학에서 영화를 만들어 보라는 제안을 받았어요.
④ 스티븐 스필버그는 어린 시절 몸이 약했어요.

2 스티븐 스필버그가 역사 문제를 다룬 영화의 제목을 고르세요. (   )

① 〈E.T.〉
② 〈인디애나 존스〉
③ 〈쥐라기 공원〉
④ 〈쉰들러 리스트〉

3 글을 읽으면서 빈칸에 알맞은 말을 쓰세요.

스티븐 스필버그는 어린 시절에 만화책과 텔레비전을 보면서 [ ][ ][ ]을 키우고, 대학 시절에는 틈틈이 영화 [ ][ ]을 썼어요.

4 다음 글에서 설명하고 있는 영화의 제목을 쓰세요.

스티븐 스필버그의 첫 극장용 영화로, 사람들이 휴가를 즐기던 고요한 바닷가에 갑자기 식인 상어가 나타나면서 벌어지는 내용이에요.

어휘 풀이

- **식인** 사람을 먹음.
- **유니버설 스튜디오** 미국의 대형 영화 제작사. 〈죠스〉, 〈쥐라기 공원〉 등을 제작함.
- **흥행** 관객들에게 잘 팔림.
- **아카데미상** 미국 영화 예술 과학 아카데미가 1928년부터 해마다 영화인에게 주는 최고의 상.
- **활약하다** 활발히 활동하다.

아르투로 토스카니니

오페라를 예술로 만들다

최고의 오페라 지휘자로 평가받는 토스카니니는 1867년 이탈리아에서 태어났어요. 가난했지만 음악을 좋아했던 아버지의 영향으로 아홉 살 때부터 첼로와 피아노, 작곡을 공부하면서 첼로를 연주하는 첼리스트를 꿈꾸었어요.

1885년, 첼리스트의 꿈을 이루어 오페라에서 공연하던 19세 청년 토스카니니에게 뜻밖의 기회가 찾아왔어요. 브라질로 오페라 공연을 갔는데, 단원들과 사이가 좋지 않던 지휘자가 공연이 시작되기 직전에 갑자기 사라져 버렸지요. 그때 마침 공연할 음악의 악보를 모두 외우고 있던 토스카니니가 지휘를 맡게 되었어요. 이것이 지휘자로서의 출발점이 되었어요.

토스카니니는 시력이 나빠 악보를 잘 볼 수 없었기 때문에 모든 악보를 외워서 연주했어요. 그는 연주자가 악보에 그려진 대로, 쉼표 하나 틀리지 않고 연주해야 한다고 생각했어요. 많은 작곡가들이 토스카니니의 이러한 연주 방식을 좋아했어요. 지휘자가 된 후에 그는 연주자들에게도 악보에 충실할 것을 강조했어요. 자신이 원하는 완벽한 소리를 얻기 위해, 오디션을 통해 연주자들을 뽑고 엄격하게 훈련시켰어요.

또한 관객들이 지켜야 할 관람 규칙을 만들기도 했어요. 공연이 시작된 뒤에는 극장에 들어갈 수 없고, 공연이 끝나기 전에 나갈 수도 없도록 했지요. 또 중간에 앙코르를 외치던 관습도 없애고, 모자도 쓰지 못하게 했으며, 음악에 집중하도록 객석의 조명을 끄도록 했어요. 토스카니니 덕분에 오페라와 음악 공연은 진정한 예술이 되었어요.

지휘자

아르투로 토스카니니

이탈리아(1867~1957년)

이탈리아의 첼리스트, 작곡가이자 20세기를 대표하는 지휘자. 악보에 충실한 연주 태도로 세계적인 명성을 얻었음.

1867	1886	1896	1898	1937
이탈리아 파르마에서 태어남.	처음 지휘를 맡게 됨.	오페라 〈라 보엠〉 첫 공연	스칼라 극장 수석 지휘자가 됨.	NBC 교향악단 지휘자가 됨.

1 토스카니니에 대한 설명으로 틀린 것을 고르세요. ( )

① 1867년 이탈리아에서 태어났어요.
② 아홉 살 때부터 음악을 배우기 시작했어요.
③ 시력이 좋지 않아 악보를 모두 외워서 연주했어요.
④ 원래부터 지휘자로 음악 생활을 시작했어요.

2 토스카니니가 만든 오페라 관람 규칙으로 맞으면 ○표, 틀리면 X표 하세요.

(1) 공연 도중에 입장할 수 없어요. ( )

(2) 공연 도중에 앙코르를 외칠 수 있어요. ( )

(3) 공연장에서 모자를 쓸 수 없어요. ( )

(4) 객석의 조명을 환하게 켰어요. ( )

3 토스카니니는 어떤 기회로 첼리스트에서 지휘자가 되었는지 고르세요. ( )

① 악보 그대로 연주하는 것을 인정받아서
② 첼로 연주 실력이 그 누구보다 뛰어나서
③ 오디션을 통해 지휘자로 선발돼서
④ 갑자기 지휘자가 사라진 공연에서 대신 지휘를 맡게 돼서

4 글을 읽으면서 빈칸에 공통으로 들어갈 알맞은 말을 쓰세요.

토스카니니는 작곡가가 작곡한 [ ][ ]를 그대로 외워서 조금도 틀리지 않게 연주했어요. 연주자들에게도 [ ][ ]에 충실할 것을 강조했어요.

어휘 풀이

- **첼리스트** 첼로 연주자.
- **지휘자** 합창이나 합주를 할 때 노래나 연주를 앞에서 조화롭게 이끄는 사람.
- **앙코르** 출연자의 훌륭한 솜씨를 찬양하여 박수 따위로 공연을 다시 해 달라고 청하는 일.
- **관습** 어떤 사회에서 오랫동안 지켜 내려오는 질서나 풍습.
- **객석** 극장 따위에서 손님이 앉는 자리.

23 일차

루트비히 판 베토벤

비극적 운명을 이겨 내다

베토벤은 헨델, 하이든, 모차르트와 같은 선배 작곡가들의 영향을 받았지만, 그 누구와도 다른 음악을 창조한 위대한 작곡가예요. 특히 선율 자체의 아름다움을 뛰어넘어, 선율을 발전시켜 나가는 작곡 능력이 뛰어났어요. 음표 몇 개를 가지고도 큰 규모의 교향곡을 작곡했을 정도예요.

"이 청년을 눈여겨보라. 머지않아 세상을 향해 천둥을 울릴 날이 있을 것이다."

그 당시 최고의 전성기를 누리던 모차르트가 열입곱 살 베토벤의 즉흥곡 연주를 듣고 외친 말이에요. 그의 음악적 재능은 열한 살에 극장 오케스트라의 단원이 되고, 열세 살에는 오르간 연주자가 될 정도로 남달랐어요.

그러던 베토벤에게 큰 시련이 닥친 것은 이십 대 후반 무렵이었어요. 귀가 점차 들리지 않게 된 베토벤은 자신의 음악 인생이 끝날까 봐 두려웠어요. 하지만 그는 자신의 비극적인 운명과 싸워 이길 것을 결심했어요. 어려움 속에서 작곡한 〈운명교향곡〉, 〈전원교향곡〉은 음악 역사상 최고의 교향곡으로 평가받고 있어요.

1824년에 베토벤은 〈합창교향곡〉을 통해 또 한 번 세상을 놀라게 했어요. 이 곡을 처음 선보이는 공연에서 그는 격정적으로 지휘하였고, 연주가 끝나자 관객들은 우레와 같은 박수를 보냈어요. 그 소리가 안 들렸던 베토벤은 동료의 도움으로 뒤를 돌아보고 나서야 관객들의 반응을 확인할 수 있었답니다.

베토벤은 자신의 비극적 운명을 딛고 불멸의 곡들을 작곡하여 서양 음악에서 가장 위대한 인물 중 하나가 되었어요.

음악가

루트비히 판 베토벤

독일(1770~1827년)

하이든, 모차르트와 더불어 훌륭한 음악을 남긴 위대한 작곡가. 〈영웅〉, 〈운명〉, 〈합창〉 등 교향곡과 오페라, 소나타를 남겨 '음악의 성인'이라 불림.

1770	1795	1804	1808	1824
독일에서 태어남.	작곡가로 데뷔	〈영웅교향곡〉 발표	〈운명교향곡〉, 〈전원교향곡〉 발표	〈합창교향곡〉 발표

1 베토벤이 그전의 작곡가들과 가장 달랐던 점은 무엇인지 고르세요. ( )

① 선율 자체의 아름다움을 중시했어요.
② 소박한 악상의 곡들을 즐겨 작곡했어요.
③ 즉흥곡 연주에 뛰어난 재능이 있었어요.
④ 선율을 발전시켜 나가는 작곡 능력이 뛰어났어요.

2 베토벤이 밑줄 친 상황에 처했던 이유를 바르게 말한 아이를 찾아 이름에 ○표 하세요.

> 그 소리가 안 들렸던 베토벤은 동료의 도움으로 뒤를 돌아보고 나서야 관객들의 반응을 확인할 수 있었답니다.

지수 시력이 좋지 않아 앞이 잘 보이지 않았기 때문이야.

주완 청력이 약해서 소리를 들을 수 없었기 때문이야.

성준 뒤를 돌아볼 수 없을 만큼 체력이 약했기 때문이야.

3 베토벤에게 일어난 일의 순서에 맞게 빈칸에 번호를 쓰세요.

귀가 들리지 않기 시작했어요.	모차르트 앞에서 즉흥곡을 연주하여 칭찬을 받았어요.	극장 오케스트라의 단원이 되었어요.	〈합창교향곡〉의 첫 연주회에서 직접 지휘를 하였어요.
( )	( )	( )	( )

4 베토벤이 작곡한 교향곡의 제목이 아닌 것을 고르세요. ( )

① 〈운명〉 ② 〈전원〉
③ 〈사계〉 ④ 〈합창〉

어휘 풀이

- **전성기** 형세나 세력 따위가 한창 왕성한 시기.
- **즉흥곡** 그 자리에서 일어나는 생각이나 느낌에 따라 자유로운 형식으로 표현하여 만들거나 연주하는 악곡.
- **우레와 같은 박수** 천둥을 뜻하는 우레처럼 매우 큰 소리의 박수를 비유적으로 이르는 말.
- **불멸** 없어지거나 사라지지 아니함.

24 일차

레프 니콜라예비치 톨스토이

역사의 흐름을 담은 대작을 쓰다

레프 니콜라예비치 톨스토이는 《전쟁과 평화》, 《안나 카레니나》, 《부활》 등 수많은 명작을 남긴 러시아의 위대한 작가예요. 톨스토이는 1828년 러시아의 귀족 집안에서 태어났어요. 어린 시절 부모가 일찍 돌아가셔서 친척집에서 자라면서, 죽음에 대해 깊이 고민하게 되었지요. 죽음에 대한 생각은 이후 톨스토이의 작품에 영향을 주었어요.

젊은 시절의 톨스토이는 하고 싶은 일을 찾지 못해 오랫동안 방황했어요. 그러다 형을 따라 전쟁에 참가하게 되면서 참혹한 전쟁터의 모습을 소설에 담기로 결심했지요. 그리고 이때 쓴 《유년 시대》로 사람들의 인정을 받기 시작했어요.

톨스토이는 교육을 제대로 받지 못해 평생 가난하게 살 수밖에 없는 농민들의 생활에 관심이 많았어요. 전쟁터에서 돌아온 뒤로는 고향에 돌아와 농민들을 위한 학교를 짓기도 했지요. 그리고 농민들의 삶과 전쟁터의 모습 등 실제 사람들의 삶을 작품으로 썼어요. 톨스토이의 대표 작품인 《전쟁과 평화》는 나폴레옹 전쟁에 대해 다루었고, 《안나 카레니나》는 러시아의 결혼 제도에 대해 담았어요. 역사적 사실을 바탕으로 쓴 이러한 작품들은 러시아를 넘어 전 세계인의 많은 사랑을 받고 있어요.

톨스토이는 수많은 대작을 남긴 소설가이기도 하지만, 사회에 관심이 많았고, 가난하고 힘없는 사람들의 편에 서서 열심히 활동한 사상가이기도 해요. 톨스토이는 자신이 죽은 뒤에 모든 재산을 농민들에게 나눠 주라는 유언장을 남기기도 했어요.

작가

레프 니콜라예비치 톨스토이

러시아(1828~1910년)

러시아의 소설가이자 사상가. 주요 작품으로 《전쟁과 평화》, 《안나 카레니나》, 《부활》이 있음. 19세기 러시아 문학을 대표하는 위대한 소설가임.

1828	1844	1869	1877	1899
러시아에서 태어남.	카잔 대학 입학	《전쟁과 평화》 완성	《안나 카레니나》 완성	《부활》 완성

1　톨스토이에 대한 설명으로 <u>틀린</u> 것을 고르세요.　　　　　(　　　　)

① 농민들의 삶에 관심이 많았어요.

② 전쟁에 직접 참여한 적도 있어요.

③ 러시아 작가로 수많은 명작을 남겼어요.

④ 귀족들의 화려한 생활을 소설에 담고자 했어요.

2　톨스토이의 작품 제목이 <u>아닌</u> 것을 고르세요.　　　　　(　　　　)

①《죄와 벌》　　　　　　　　　　②《안나 카레니나》

③《전쟁과 평화》　　　　　　　　④《부활》

3　톨스토이 작품의 내용으로 알맞은 것을 찾아 줄로 이으세요.

유년 시대	●	●	전쟁에 참가해서 겪은 일을 담은 소설
전쟁과 평화	●	●	러시아의 결혼 제도에 대해 담은 소설
안나 카레니나	●	●	나폴레옹 전쟁에 대해 다룬 소설

5주

4　글을 읽고, 빈칸에 알맞은 말을 쓰세요.

> 톨스토이는 [　][　]들의 생활에 관심이 많았어요. 고향에 돌아와 농민들을 위한
> [　][　]를 짓기도 했지요.

💡 **어휘 풀이**

- **방황하다** 분명한 방향이나 목표를 정하지 못하고 갈팡질팡하다.
- **참혹하다** 더할 수 없이 슬프고 끔찍하다.
- **나폴레옹 전쟁** 나폴레옹 시대에 프랑스가 유럽 각국과 싸운 전쟁.
- **사상가** 어떤 사상을 잘 알고 이를 적극적으로 주장하는 사람.

25
일차

최승희

한국 춤의 아름다움을 알리다

1935년, 일본에서 최초로 조선 무용 공연이 열렸어요. 무대에서는 갓을 쓰고 흰색 도포를 입은 여인이 몸을 숙이고 좌우로 흔들면서 경쾌한 춤을 추었어요. 바로 조선을 대표하는 무용가 최승희의 〈에헤라 노아라〉 무대였어요.

"그날 있었던 수십 편의 무용 중에서 그 공연이 가장 큰 감명을 주었다. 나는 무대에서 신체의 리듬을 그녀만큼 잘 살리는 무용가를 본 적이 없다. 최승희의 조선 무용은 민족의 전통이 얼마나 중요한 것인지를 보여 준다."

공연을 관람한 일본의 유명 작가 가와바타 야스나리가 한 말이에요.

최승희는 일제 강점기에 170cm의 큰 키와 탁월한 신체 조건을 가지고 전 세계에 동양적 곡선미와 한국 춤의 아름다움을 알린 무용가예요. 그녀는 16세에 일본으로 건너가 스승에게 현대 무용을 본격적으로 배운 후, 1929년에 한국으로 돌아와 최승희 한국 무용 연구소를 설립했어요.

최승희는 자신이 배운 서양 무용에 안주하지 않고, 자신의 예술 세계를 넓히기 위해 끊임없이 노력했어요. 지방의 춤꾼들을 찾아가 한국 전통 무용을 배우기도 했어요. 또한 전통 무용을 그대로 받아들이기만 한 게 아니라 일부 춤의 형태, 음악, 의상 등만 가져와 새로운 춤을 만들어 냈어요. 이렇게 서양 무용 기술에 한국 전통 무용을 더하여 그전까지는 없던 새로운 춤을 추었어요.

그때 탄생한 〈칼춤〉, 〈승무〉와 같은 춤에는 우리나라의 정서와 민족성이 담겨 있어요. 최승희는 한국 현대 무용을 창시한 최고의 무용가였어요.

무용가

최승희

대한민국(1911~1969년)

일제 강점기에 활동한 무용가. 한국 전통 무용을 현대화하여 자신만의 독특한 춤 세계를 완성하였으며, 전 세계 무대에서 한국 춤의 아름다움을 알렸음.

1911	1926	1934	1935	1930년대 후반
조선에서 태어남.	일본에 유학해 무용 스승을 만남.	〈승무〉 발표	일본에서 〈에헤라 노아라〉 공연	해외 순회 공연을 함.

1 글을 읽고, 빈칸에 알맞은 말을 쓰세요.

최승희는 한국 [|] [|] 을 창시한 무용가예요.

2 최승희에 대한 설명으로 틀린 것을 고르세요. (   )

① 키가 작아서 한국 무용을 추기에 알맞았어요.
② 16세에 일본으로 가서 현대 무용을 배웠어요.
③ 한국에 돌아와 한국 무용 연구소를 세웠어요.
④ 일제 강점기에 전 세계에 한국 춤의 아름다움을 알렸어요.

3 다음 글에서 설명하고 있는 최승희의 무용 작품 제목을 쓰세요.

갓을 쓰고 흰 도포를 입은 채 몸을 숙이고 좌우로 흔들면서 추는 춤으로, 1935년 일본에서 공연을 하기도 했어요.

4 최승희의 예술 세계에 대한 설명을 읽고, 빈칸에 알맞은 말을 고르세요. (   )

최승희는 자신이 배운 서양 무용에 한국 전통 무용을 더하여 현대 무용을 창시했어요. 그 춤에는 우리나라의 정서와 (   )이 담겨 있어요.

① 아름다움　　② 민족성
③ 리듬　　④ 기술

어휘 풀이

- **도포** 조선 시대 양반 남자들이 평소 갖춰 입던 겉옷.
- **곡선미** 곡선에 나타나는 아름다움. 또는 곡선으로 표현되는 아름다움.
- **안주하다** 현재의 상황이나 처지에 만족하다.
- **창시하다** 어떤 사상이나 이론 따위를 처음으로 시작하거나 내세우다.

먼저 21~25일차의 지문을
한 번씩 읽은 다음 문제를 풀어 보세요.

(25일차)

1 최승희 무용의 특징에 대한 설명으로 틀린 것을 고르세요. ( )

① 동양적 곡선미가 아름다워요.

② 신체의 리듬을 잘 살렸어요.

③ 한국 전통 무용을 그대로 받아들이기만 했어요.

④ 우리 민족의 정서를 담고 있어요.

(24일차)

2 다음 보기 의 밑줄 친 낱말과 바꾸어 쓸 수 있는 말을 고르세요. ( )

보기

톨스토이는 참혹한 전쟁터의 모습을 소설에 담기로 결심했어요.

① 끔찍한 ② 활기찬

③ 추운 ④ 가난한

(22일차)

3 토스카니니가 다음과 같은 규칙을 만든 이유로 맞는 것을 고르세요. ( )

공연이 시작된 뒤에는 극장에 들어갈 수 없고, 공연이 끝나기 전에 나갈 수도 없도록 했지요. 또 중간에 앙코르를 외치던 관습도 없애고, 모자도 쓰지 못하게 했어요.

① 관객들이 원하는 것이어서 ② 공연에 집중하게 만들기 위해서

③ 연주자들이 원하는 것이어서 ④ 원래 엄격한 사람이어서

㉓일차

4 다음 **보기** 에서 설명하고 있는 작곡가의 이름을 쓰세요.

보기

- 귀가 잘 들리지 않게 되었지만 자신의 비극적인 운명을 음악으로 극복했어요.
- 〈합창〉, 〈전원〉 등 훌륭한 교향곡을 여럿 작곡했어요.

✎ ____________________

㉒일차

5 다음 **보기** 의 밑줄 친 문장과 바꾸어 쓸 수 있는 말을 고르세요. (　　　　)

보기

토스카니니는 악보에 그려진 대로 <u>쉼표 하나 틀리지 않고</u> 연주했어요.

① 아름답게　　② 튼튼이
③ 정확하게　　④ 남다르게

매체 활용

㉑일차

6 스티븐 스필버그의 영화를 관람한 후 친구들이 나눈 대화를 읽고, 알맞은 영화의 제목을 고르세요. (　　　　)

지수야! 영화에서 공룡이 밖으로 튀어나올 때 너무 무섭지 않았니?

응, 정말 소름 끼쳤어!

우리가 만약 놀이공원에 놀러 갔는데, 갑자기 공룡이 나타난다면 어떤 기분일까?

으아~ 생각만 해도 무서워.

① 〈죠스〉　　② 〈인디애나 존스〉
③ 〈쥐라기 공원〉　　④ 〈쉰들러 리스트〉

인물 갤러리

〈쥐라기 공원〉처럼 공룡을 되살려 낼 수 있을까

스티븐 스필버그의 영화 〈쥐라기 공원〉은 코스타리카 해안 무인도에 세워진 놀이공원을 배경으로 해. 이 '쥐라기 공원'은 최신 복제 기술로 되살아난 공룡들이 사는 곳이야.

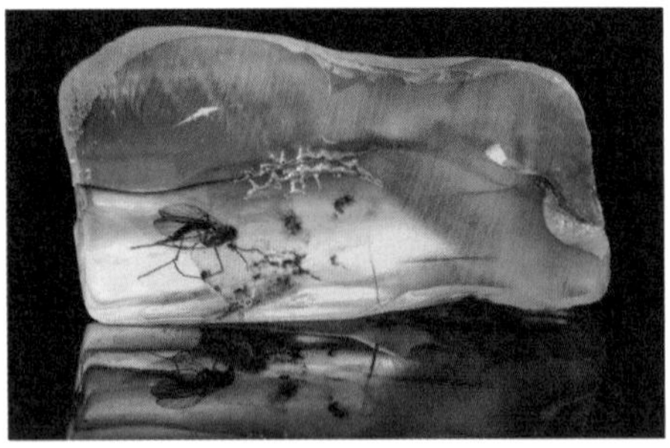
▲ 호박 화석 속 모기

이 영화에는 공룡의 피를 간직한 모기가 갇혀 보존된 호박 화석이 등장해. 영화 속 과학자들은 이 모기에서 공룡의 유전자를 뽑아내서 공룡을 되살리고, 과거 공룡이 살았던 시대를 생생하게 재현한 쥐라기 공원을 만들지. 이 방법은 과학적인 근거가 얼마나 있을까? 실제로 이러한 방식으로는 공룡을 되살려 낼 수 없다고 해. 화석은 매우 높은 압력과 열을 받아서 만들어지는 데다, 수십만 년에서 수억 년이라는 긴 시간을 버티는 과정에서 화석 속에 생물의 유전자가 남아 있기 힘들기 때문이지. 아쉽게도 공룡의 실물을 눈앞에서 보는 일은 짧은 미래에는 힘들 것 같아.

도스토옙스키의 《죄와 벌》의 길이가 긴 이유

▲ 도스토옙스키 초상화

톨스토이와 함께 러시아를 대표하는 작가, 도스토옙스키의 대표작으로는 《죄와 벌》이 있어. 《죄와 벌》은 가난한 대학생 라스콜리니코프가 악인을 벌하겠다면서 가난한 이들에게 비싼 이자로 돈을 빌려주는 노파를 죽이는 데서 이야기가 시작해.

《죄와 벌》과 관련된 재미있는 이야기가 있어. 도스토옙스키는 원고료로 겨우 먹고 살 정도로 가난해서, 길이가 긴 장편 소설을 주로 썼어. 그 시절 러시아에서는 글자 수대로 원고료를 주었기 때문에, 소설의 길이가 늘어나면 원고료를 더 많이 받을 수 있었대. 이렇게 돈에 쪼들리다 보니 당시 쓰고 있던 《죄와 벌》도 길이를 늘려 급하게 완성했다고 해.

소나타, 교향곡, 협주곡의 차이는?

소나타, 교향곡, 협주곡? 참 헷갈리는 이 세 음악 형식의 가장 큰 차이는 연주에 사용되는 악기가 다르다는 점이야.

먼저, 소나타는 연주자 한 명이 연주하는 독주 악기를 위한 곡이야. '피아노 소나타'는 피아노 연주를 위해, '바이올린 소나타'는 바이올린 연주를 위해 만들어진 곡이지. 베토벤의 유명한 소나타 〈비창〉, 〈월광〉이 바로 피아노 연주를 위한 곡이야.

다음으로 교향곡은 오케스트라 연주를 위한 곡이야. 오케스트라는 '관현악단' 즉, 관악기와 현악기가 함께 있는 연주단을 뜻해. 현악기에는 바이올린 2개, 비올라, 첼로, 콘트라베이스가 포함되고, 관악기에는 플루트, 오보에, 클라리넷, 트럼펫 등이 속해. 오케스트라에는 연주를 이끄는 지휘자가 있어. '교향곡의 아버지'라 불리는 하이든은 교향곡의 형식을 완성하였고 108곡이나 작곡했어. 그리고 모차르트, 베토벤이 이어받아서 교향곡을 더 풍부한 음악 형식으로 발전시켰어. 대표적인 교향곡으로는 베토벤의 〈영웅〉, 〈합창〉, 〈전원〉 등이 있지.

마지막으로, 협주곡은 독주 악기와 오케스트라가 함께 연주하는 곡이야. 화려한 독주에 귀기울이다 보면 클래식을 처음 접하는 사람도 음악에 빠져들기 쉽지. 쇼팽의 피아노 협주곡 1번과 2번, 모차르트의 피아노 협주곡 21번은 영화의 주제곡으로 유명해.

대부분의 소나타, 교향곡, 협주곡의 1악장은 '소나타 형식'으로 작곡되는 것이 특징이야. 미리 알아 두면 앞으로 클래식 음악을 들을 때 훨씬 더 재미있게 감상할 수 있을 거야.

▲ 오케스트라

1일 1독해

1일 1독해